Garry Pörtner
Die Summe aller Träume
Geschichten vom Leben und der Liebe

Garry Pörtner

Die Summe aller Träume

Geschichten vom Leben und der Liebe

Bibliografische Information der Deutschen Nationalbibliothek: Die Deutsche Nationalbibliothek verzeichnet diese Publikation in der Deutschen Nationalbibliografie; detaillierte bibliografische Daten sind im Internet über http://dnb.dnb.de abrufbar.

Verlag: BoD · Books on Demand GmbH, In de Tarpen 42, 22848 Norderstedt

Druck: Libri Plureos GmbH, Friedensallee 273, 22763 Hamburg

ISBN: 978-3-7597-7491-0

*Manchmal
sind Dankbarkeit
und Demut
das tiefste Verbeugen.*

Gewidmet der Liebe.

Inhaltsverzeichnis

I

Inneres Wachstum ist kein konstant
aufsteigender Prozess.

Es ist vielmehr ein regelmäßiger Rückfall,
mit klarer werdender Aussicht.

STRANDGESPRÄCHE
- DER ALTE MANN UND DIE LIEBE -

Es gab vor langer Zeit einen See, der so wunderschön gelegen war, dass es jedem, der ihn sah, die Sprache verschlug.

Dann und wann, wenn die Herzen der Menschen offen waren, verlieh ihnen dieser See die Kraft, miteinander von Herz zu Herz zu sprechen.

So trug es sich damals zu, dass ein Großvater oft mit seinem Enkelsohn an diesem See saß. Fast täglich waren sie dort.

Sie liebten den See, seine Energie, seine stetige Veränderung. Sie liebten seine Schönheit als See.

Und manchmal, wenn sie nicht stundenlang stillschweigend auf den See schauten, entwickelten sich Gespräche, die weit über das hinaus gingen, was man mit dem Kopf begreifen kann. In diesen Momenten unterhielten sich zwei Herzen.

Eines Tages und aus dem Nichts heraus fragte der Enkel: „Opa, was ist Liebe?"

Der alte Mann, wenig überrascht von der Frage, holte tief Luft und antwortete mit seiner warmen, ruhigen Stimme:

„Die Liebe, mein Sohn, ist nicht mehr und auch nicht weniger als das schönste, stärkste, mutigste, freieste, weiseste und gleichzeitig scheueste Tier, dass du dir vorstellen kannst. Und wenn du es dir jetzt vorstellen willst, so multipliziere deine Vorstellung mit der Unendlichkeit und du wirst trotzdem nicht mal in die Nähe dessen kommen, was Liebe ist."

Der Enkel, sichtlich überfordert mit der Antwort, schaute seinen Großvater ungläubig an.
„Aber wie soll ich sie mir denn dann vorstellen, wenn ich doch, egal wie ich es anstelle, nicht mal ansatzweise begreifen kann, was Liebe ist?"

„Weil man Liebe nicht beschreiben kann, mein Kind. Du fragst mich nach der größten Sache der Welt und wollte ich diese beschreiben, bräuchte ich Worte, die es in keiner Sprache gibt; eine Stimme, die ich nicht habe und einen Geist, der noch frei von Erfahrungen ist.
Die Liebe kann man nicht und niemals beschreiben; lediglich das, was sie dich tun lässt.
Die Liebe kannst du nur fühlen.

Schau dir den See an und beschreibe mir, was du fühlst."

Der Junge sah auf den See, den er schon so oft gesehen hatte und schloss seine Augen: „Ich fühle Leichtigkeit, Freiheit, Weite, Glück. Ich könnte jubeln, wenn ich ihn sehe; in ihm schwimme und tauche. Ich bin so gern hier und wenn ich hier bin, vergesse ich die Zeit, komme viel zu oft viel zu spät zum Essen und werde dann geschimpft.
Aber eigentlich möchte ich was anderes sagen, kann es aber nicht richtig."

Der Großvater lächelte.
„Siehst du, genau davon habe ich gesprochen. Du liebst den See, kannst es aber nicht erklären. Du fühlst, dass es

wahr ist und doch kannst du es nicht in Worte fassen. Nicht, weil du keine Worte dafür hast, nur, weil es dafür keine Worte gibt."

„Ich verstehe jetzt, was du meinst, Opa." sprach der Enkel. „Was ich aber nicht verstehe: Warum sagst du, dass es das scheueste Tier von allen ist?"

Dem Großvater, dem seit Beginn des Gespräches viele Gedanken durch den Kopf gingen, schossen unvermittelt Tränen in die Augen.

Und ergriffen von der Nähe zum eigenen Herzen antwortete er leise und kaum hörbar: „Weil zu lieben eine Entscheidung ist, die erst unbewusst und dann bewusst - manchmal auch umgekehrt - vom Herzen getroffen wird.

Der Kopf ist dann oftmals mit der Herzensentscheidung nicht einverstanden und findet unzählige Argumente dagegen. Und je mehr ich mich mit dem Dagegen befasse; je mehr ich den Fragen des Kopfes nachgehe; je weniger werde ich an meinem Herzen sein, dass schon längst JA gesagt hat.

Das Herz möchte die Liebe sehen, spüren, fühlen, denn es selbst besteht aus einer solchen. Der Kopf jedoch erinnert an die schlimmen Erfahrungen, arbeitet nach Mustern, sagt, dass es nicht gut werden kann, weil es noch nie gut gegangen ist, bereitet sich auf den Rückzug vor und stellt alle zur Verfügung stehenden Waffen bereit.

Und zieht, wenn nötig, gegen das Herz in den Kampf.

Und die Liebe, sie kämpft nicht, sie ist was sie ist. Sie muss sich nicht beweisen, sie ist einfach so da und doch wird sie durch die Ängste des Kopfes unsichtbar."

Der Junge nahm seinen Großvater an die Hand, denn diesem flossen die Tränen übers Gesicht.

„Warum weinst du?" Und die Antwort fühlend fragte er: „Hast du einen Kampf gegen die Liebe geführt?"

„Ja."

Der alte Mann versuchte sich zu fassen, die Haltung wieder anzunehmen, aber es gelang ihm nicht. Zu nah war er an seinem Herzen, zu wach die Erinnerung.

„Ich habe mein Leben lang nach der Liebe gesucht. Jeden Stein umgedreht, hinter jeden Baum geschaut, sie in vielen Menschen gesucht.

Hin und wieder hatte ich das Gefühl, ihr nahe zu sein, wurde aber bitter enttäuscht und fing die Suche von vorn an.

Irgendwann hatte ich genug davon, ständig zu suchen und entschied mich, nur noch was für mich zu tun. Ich entdeckte die tollsten Dinge um mich herum, habe wieder angefangen zu lachen (denn dieses echte Lachen war mir auf meiner Suche abhandengekommen) und wurde innerlich sehr zufrieden.

Und dann, eines Tages stand eine Frau vor mir. Ich ging auf sie zu, wie ich es immer getan habe, aber irgendetwas war anders. Wir trafen uns oft, redeten Stunden um Stunden und ich fühlte mich wohl bei ihr. Mit ihr. Sie war anders. Sie sah mich, schaute hinter meine Fassade, nahm mich an, hörte zu und in mich hinein, verstand mich. Verurteilte mich nicht. Sie sah tiefer in mich hinein, als jemals jemand zuvor. Sie legte ihre Hand auf mein Herz, um es zu wärmen, da es kalt geworden war.

Unsere Momente waren so intensiv, dass es keine Zeit mehr gab. Kein Morgen und kein Gestern. Nur Jetzt. Und in mir ging ein Gefühl auf, wie ich es bis dahin nie erlebt habe. Es schien, als öffnete sich die schönste Blume der

Welt in mir und ihr bezaubernder Geruch ging in jede meiner Zellen über.

Ich war über alle Maßen glücklich und sie sagte, dass von mir ein wunderschönes Licht aus gehe."

Der Mann verkrampfte innerlich.

„Und dann bekam ich Angst.

In mir schossen unzählige Fragen hoch. Was, wenn das kaputt geht? Will ich das wirklich? Wird nicht auch sie mich enttäuschen? Und dann? Dann bin ich kaputter als jemals zuvor, werde innerlich zerbrechen.

Kehre lieber um, solang es noch geht, der Schmerz wird dann nur ein kurzer sein.

Ich sehnte mich nach einer alten Beziehung zurück, wo alles vertraut war, ich wollte eine Frau zurück, von der ich mal sagte, dass ich sie liebe, obwohl ich erst jetzt wusste, was Liebe ist.

Ich konnte nicht annehmen, was vor mir lag, weil es so unbekannt war. Ich fühlte mich wieder wie ein kleines Kind; unberührt von den Erfahrungen der Liebe.

Diese Frau war alles, was ich jemals wollte - ohne bisher gewusst zu haben, was ich eigentlich will.

Und das machte mir Angst. Diese Angst war größer als alle anderen Ängste zusammengenommen.

Ich wollte mit dieser Frau zusammen sein, konnte es aber nicht, weil mein Kopf mit logisch hergeleiteten und durchaus überzeugenden Argumenten dagegenhielt.

Der Kampf, der in mir tobte, war ein einseitiger Krieg.

Der Kopf bombardierte mein Herz, bis ich es nicht mehr hörte."

Kaum noch an sich halten könnend, holte der Großvater tief Luft.

„Und dann habe ich es beendet. Ich bin weggelaufen, soweit ich nur konnte; sagte mir, dass es richtig ist; dass es früher oder später sowieso dazu gekommen wäre und ich es so leichter haben werde.
Und bereue es seitdem jeden Tag."

„Was hat sie dazu gesagt?" fragte ihn der Junge.

„Sie hat mich zum Abschied geküsst und gesagt, dass sie es versteht. Sie sagte mir, dass ich nicht falsch bin und nur ich mich selbst retten könne."

Lange dachte der Junge über das, was sein Großvater gesagt hatte, nach. Auch wenn er noch nicht alles verstand, so spürte er doch die große Wahrheit in den Worten seines Großvaters und fragte ihn:

„Bereust du es, dass du ihr begegnet bist?"

Der alte Mann fing wieder an zu lächeln und dieses Lächeln schien direkt aus seinem Herzen zu kommen.
„Nein. Keine Sekunde bereue ich mit ihr. Ganz im Gegenteil. Ich bin für jeden einzelnen Augenblick zutiefst dankbar und kann mich gar nicht tief genug verbeugen, um meine Dankbarkeit auszudrücken. ...denn ohne zu suchen hatte ich das gefunden, wonach ich mich so lang gesehnt hatte.

Was wäre mein Leben gewesen, ohne diese entfachende Wahrheit und diese offene Weite? Was wäre mein Leben gewesen, ohne diese unendliche Nähe gefühlt zu haben? Für einen Moment in der Zeit war mein Herz entfesselt und so frei, wie ein Herz nur frei sein kann.
Für einen Moment in der Zeit gab es nur noch Jetzt.

Für einen Moment in der Zeit habe ich nur noch gefühlt.
Für einen Moment in der Zeit habe ich wahrhaftig gelebt.
Für einen Moment in der Zeit habe ich die wahre Liebe
gesehen.

Auch wenn mein Kopf über das Herz gewonnen zu ha-
ben scheint; auch wenn ich es bereue, aus Angst wegge-
laufen zu sein; auch wenn ich gern wüsste, wie es hätte
ausgehen können, bereue ich nicht, sondern bin dankbar.

Und das mein Kind, ist die wahre Größe der Liebe.

Darum sei nie traurig, wenn eine Liebe geht.
Sei dankbar, dass es sie gab."

L I E B E

Ich liebe Dich in jedem Atemzug.

Ich liebe Dich in jedem Wort.

Ich liebe Dich in jedem Tun.

Ich liebe Dich in jedem Gedanken.

Ich liebe Dich in jedem Gefühl.

Ich liebe Dich in jedem Blick.

Ich liebe Dich in jedem Moment.

Ich liebe Dich in jedem Lachen.

Ich liebe Dich in jedem Weinen.

Ich liebe Dich in jedem Glanz.

Doch fragst Du mich, wie ich Dich liebe,

so kann ich es niemals erklären.

MUTMACHER 1
- NEUSTART -

Und dann kommt der Tag, an dem du dir sagst, dass du das alles nicht mehr möchtest, dass du ausbrechen willst.

Der Tag, an dem alte Träume wieder in deinem Kopf kreisen, der Abenteurer in dir erwacht und du gedanklich die tollsten Geschichten erlebst.

Bis dich dein Alltag einholt.

Wer wünscht sich nicht, einmal die Reset-Taste zu drücken, von vorn anzufangen, bei Null zu starten. Alles auf Anfang setzen, genau heute, hier, jetzt! SOFORT!

Ich möchte so gern die Welt sehen, reduziert auf das Wichtige, alles um mich herum wieder wahrnehmen, das Leben spüren, mich spüren. Ich möchte nächtelang durchquatschen, spannende Geschichten nicht hören, sondern erLEBEN. Am Lagerfeuer alte Lieder singen, mich schief lachen am Blödsinn der anderen und genauso durchgeknallt sein. Ich möchte verrückt sein.

Verrückt sein.

Der Wunsch ist da, ja. Aber meine Lebensumstände lassen es nicht zu. Da sind 1.000 Verpflichtungen... Partnerschaft, Kinder, Job, etc.

Darum träume ich davon, wie es wäre.

Komplett wieder bei Null, ohne die Schmerzen, ohne die Erfahrungen und Erinnerungen.

"Oder warte kurz, die Erfahrungen und Erinnerungen, würde ich schon mitnehmen, sonst mach ich ja die gleichen Fehler wieder und es gab so tolle Momente."

„Also Neuanfang mit Erfahrungen und Erinnerungen?"

"Ja! Aber vielleicht noch mit meinen Kindern. Meinen Partner liebe ich auch sehr; darauf möchte ich nicht verzichten. Und meine Familie - da sind schon ein paar Menschen dabei, die mir wirklich viel bedeuten."

„Ok, dann also Neuanfang mit Erfahrungen und Erinnerungen, Kinder, Partner, Familie?"

"Hmm, schon ganz gut. Und meine Freunde. Die sind so bekloppt wie ich, die würde ich nicht missen wollen."

„Gut, dann also: Neuanfang mit Erfahrungen und Erinnerungen, Kinder, Partner, Familie, Freunde?"

"Ja, ich denke, so im Groben ist alles dabei."

„Schön, dann lade ich dich ein, dein Leben genau jetzt neu zu starten."

"Wie, JETZT?!"

„Wenn du das möchtest, ja. Oder hält dich etwas davon ab?"

"Natürlich! Das geht nicht! Ich kann jetzt nicht neu anfangen! Da sind die Kredite für das Haus, Auto.

Da ist mein Job. Ich meine, ich bin seit 10 Jahren bei der Firma. Ich schmeiß das doch nicht einfach hin. Da gibts gutes Geld und der Job ist sicher. Klar, es ist nicht mein Traumjob, aber er ist SICHER."

„Nun, ein Auto und ein Haus kann man kaufen und verkaufen."

"Aber, das geht nicht so einfach."

„Und einen Job kann man kündigen."

"Klar. Und wovon soll ich leben und meine Rechnungen zahlen?"

„Welche Rechnungen?"

"Na die für das Haus und Auto."

„Sind doch verkauft, wenn du das möchtest."

"Nee, das geht nicht; wo sollen wir denn wohnen? Die Kinder haben doch ihr gewohntes Umfeld. Und mein Partner auch. Ich würde ja gern, muss doch aber auf sie Rücksicht nehmen. Und überhaupt… Hey, das ist ein wirklich sicherer Job, da habe ich mir eine Position erarbeitet. Das schmeiß ich nicht einfach weg. Wäre doch alles unsicher, ohne die ganzen Sicherheiten."

„Hast du dich eingesperrt?"

"Wie eingesperrt?"

„In deinem Leben gibt es Regeln, die du für dich aufgestellt hast und in denen du dich bewegst. Aber von dem, was

dahinter ist, träumst du. Du bist dein eigener Gefangener und träumst von der Freiheit, aber du gibst dir selbst lebenslänglich."

"Nein, nein, so kannst du das nicht sagen. Aber im Moment geht das nicht."

„Wann dann?"

"Später, wenn die Kinder groß genug sind; ich was auf die Seite gelegt, Zeit habe."

„Wann wird das sein?"

"Weiß nicht, in ein paar Jahren vielleicht… …bestimmt, wahrscheinlich."

„Wolltest du nicht verrückt sein? Leben und das Leben erleben, dich wieder spüren? Wolltest du nicht frei sein? Wolltest du nicht Träume verwirklichen?

Und was tust du? Setzt auf Sicherheiten, die morgen nicht mehr da sein können.

Deine ganzen Sicherheiten existieren nur auf dem Papier. Sie sind so real wie deine Angst vor dem Absturz. Wirst du wirklich irgendwann starten oder immer wieder Gründe finden, warum es nicht geht?

Nichts von dem, was du beim Neustart dabeihaben wolltest, ist mit Geld zu bezahlen.

Wie viele Leben hast du? Wieviel Zeit hast du zu verschenken?

Wer sagt dir, dass du deinen Job nicht nächstes Jahr verlierst, krank wirst oder sonst was? Und dann brauchst du auch eine Lösung fürs Haus und Auto.

Wer sagt, dass deine Kinder nicht auch diese Freiheit und deine neue Lebensfreude genießen können? Wer sagt, dass du nicht mehr arbeiten kannst?

Niemand sagt, dass du nicht etwas tun kannst, was dein Herz erfüllt und dir das Geld einbringt, dass du zum Leben brauchst.

Natürlich kannst du allen Schuld auflasten, warum du nicht neu starten kannst. Aber du könntest es auch lassen und einfach das tun, was du wirklich möchtest. Du könntest das tun, was dein Herz ruft und deine Seele singt.

Du kannst auch weiter weglaufen; aus Angst, dass etwas schief gehen könnte.

Was wäre denn schlimm, wenn etwas nicht sofort klappt?

Wie oft fallen Kinder hin, bis sie laufen können? Ich habe noch kein Kind gesehen, dass nach einem Sturz aus Angst vorm Fallen sitzen blieb.

Warum bist du nicht wieder Kind und traust dich; vertraust auf dich; glaubst an dich und daran, wieder aufstehen zu können, weil du es willst?"

Glaube an dich.

Glaube an deine Träume.

Glaube an dein Leben.

Glaube daran, der Mensch sein zu können, der du sein willst.

Vertraue auf dich und dein Herz - und du wirst niemals wirklich scheitern können.

Scheitern kann nur, wer nicht startet.

Und wie willst du scheitern können, wenn du doch das tust, was dich befreit und glücklich macht?!

Also starte!

Alles was dich aufhält, bist du.

Alles was dich befreit, bist du.

DEINE EINZIGARTIGKEIT

Manchmal wünschte ich, ich hätte die Kraft, dir deinen Schmerz zu nehmen.

Manchmal wünschte ich, ich könnte meine Hände schützend über dich legen, damit du spürst, wie geborgen du bist.

Manchmal wünschte ich, ich könnte dich durch das Tal der Leiden tragen, damit der Dreck der Vergangenheit dich nicht mehr erreicht.

Manchmal wünschte ich, ich könnte dieses lodernde Feuer aus Vorsicht, Angst und Mahnung in dir besänftigen.

Manchmal wünschte ich, ich hätte die Magie, deinen Zweifel in einen wunderbaren Traum vom Glück zu verwandeln.

Manchmal wünschte ich, ich könnte den Sturm für dich überstehen, damit er dich nicht umwirft.

Manchmal wünschte ich, ich könnte das.

Wenn ich so vor dir stehe, sehe ich, dass du diese Kraft in dir trägst, die ich mir manchmal wünsche.

Und manchmal wünschte ich, du würdest dein eigenes Wunder erkennen.

Weißt du, wenn du durch den Schmerz gehst, um dich davon zu befreien oder um dich zu erinnern - genau dann, wenn der Zweifel zur Wahrheit wird - wartet an dieser kleinen, unscheinbaren Stelle im Herzen; in dieser einst öden Ebene, wo der Baum der Zuversicht mit Blüten voller Hoffnung wächst; die Liebe auf dich.

Diese eine, wahre, für immer leuchtende Liebe, die dich dann umschließt und bewahrt.

In deiner ganzen Einzigartigkeit.

STRANDGESPRÄCHE
- ÜBER DAS LOSLASSEN -

Der Wind wehte leicht durch die Bäume. Die Äste wiegten sich im unregelmäßigen Takt während Sonnenstrahlen zwischen ihnen hindurchglitzerten. Blätter tanzten in der Luft und Vögel gaben ein Lied zum Besten.

Der Großvater und sein Enkel lagen an ihrem Lieblingsstrand unter einer kleinen Baumreihe und beobachteten das Schauspiel. Sie lagen schon eine ganze Weile so und ließen dabei ihren Gedanken freien Lauf.

Der weise Mann hatte längst bemerkt, dass seinem Enkel etwas auf der Seele lag; wartete aber geduldig, bis der Kleine sich öffnete.

Als die Sonne ihren Zenit längst überschritten hatte und sich langsam aber sicher ein allabendliches Naturschauspiel anbahnte, fragte der Junge: „Warum tut Verlust weh?".
„Hast du etwas verloren?" Der Großvater drehte sich zum Enkel um.

Dieser lag dort immer noch unbewegt und schaute zum Himmel.
„Ja und es tut mir leid."
„Was ist denn passiert?"
Der Junge setzte sich auf.
„Das Segelboot, dass du mir letztes Jahr zum Geburtstag geschenkt hattest. Ich habe es verloren. Ich war

vorgestern am Fluss, habe es darin schwimmen lassen und irgendwann wurde es zu schnell, ich habe das Boot dann nicht mehr gesehen, es überall gesucht, aber es war weg. Und nun vermisse ich es, es war doch ein Geschenk von dir und ich habe Angst, dass du mir böse bist."

Sanft legte der alte Mann seinen Arm um den Jungen, der zusammengekauert dasaß. „Ich bin dir doch nicht böse. Manchmal gehen Dinge im Leben verloren und wenn du magst, können wir zusammen ein neues Boot bauen."

Erleichtert strahlend schaute der Junge seinen Großvater an. „Das ist eine großartige Idee!"
„Aber, warum tut es weh, wenn ich etwas verliere?"
Der Mann schaute nachdenklich auf den See und nach einer Weile sagte er: „Weil wir mit allem, was wir je hatten oder haben, etwas verbinden. Wenn es gute Erinnerungen sind, hängen wir mehr daran, als wenn es weniger gute sind."
„So, wie bei meinem Freund, der letztes Jahr weggezogen ist." sagte der Junge. „Das hat ganz arg weh getan, so wie jetzt das Boot, welches ich verloren habe."

„Mit einem ganz wichtigen Unterschied." Antwortete der Opa. „Einmal hast du einen Menschen scheinbar verloren und vorgestern eine Sache."

„Wo ist da der Unterschied? Ich habe beides nicht mehr und der Schmerz ist derselbe."

„Nun, Menschen kann man lieben, Dinge nicht." Ganz fest schaute er dem Kleinen in die Augen.
„Ja, dein Schmerz über den Verlust ist gleich, er hat sogar dieselbe Ursache und doch einen anderen Ursprung.

Du verlierst dein Boot, das ist nicht schön, aber es ist ersetzbar. Menschen hingegen nicht. Warum tut dir der Verlust des Bootes weh?"

„Weil es ein Geschenk von dir war."

„Siehst du." Sagte der Großvater. „Es geht nicht um das Boot, sondern um die Erinnerungen, die du daran knüpfst. Das Boot ist leicht ersetzbar, es ist austauschbar, so wie alle Dinge im Leben. Aber die Erinnerungen, die kannst du niemals ersetzen."

„Kann man Menschen nicht ersetzen? Ich habe doch auch wieder einen neuen Freund gefunden."
„Nein." Der Großvater setzte sich nun auch hin. „Menschen sind nicht ersetzbar. Sie sind einzigartig. Und jedes Mal, wenn wir einen Menschen loslassen, ob gewollt oder nicht, tut das sehr weh."

„Was ist loslassen?" fragte ihn nun der Junge.

„Loslassen nennen die Erwachsenen einen Prozess, in dem sie sich von einem Menschen lösen, befreien."

„Wieso befreien? Waren sie gefesselt?" Der Junge bekam große Augen, als der Großvater lauthals loslachte.

„Nein, sie waren nicht wirklich gefesselt, aber sinnbildlich schon. Und diese Befreiung tut weh, weil es das Ende eines Kapitels in einem Buch beschreibt. Und oft ist es so, dass Menschen damit nicht einverstanden sind, dass dieses Kapitel nun zu Ende ist."

„Aber man kann doch ein neues Kapitel schreiben."

Der Großvater lächelte den Kleinen an. Er mochte diese kindliche Unbedarftheit und den freien Blick auf die Dinge des Lebens, den später so viele verlieren.

„Da hast du vollkommen recht, mein Junge. Aber Menschen leben gern in der Vergangenheit. Sie träumen sich eine Zukunft und sind dabei nur für kurze Momente im Hier und Jetzt.
Sie bauen Luftschlösser in Gedanken. Zusammen mit Menschen, die ihnen nahestehen, wichtig sind, die sie lieben. Sie hängen alten Gedanken nach, schönen Erinnerungen, die sie mit diesen Menschen hatten und glauben, dass das nun alles nicht und nie mehr wahr werden kann. Drum halten Sie an diesem Kapitel fest."

„Und was passiert dann?" fragte der Junge neugierig.
„Manchmal passiert es, dass zum Kapitel noch weitere Seiten dazu kommen; dass sie Beziehungen zueinander wieder aufleben lassen, alles anders machen wollen. Manchmal mit Nachdruck, um zu zeigen, wie wichtig es ihnen ist - wie Kinder oder ein Heiratsantrag. Ich kenne Menschen, die diese "Runden" schon mehr als zehn Mal gegangen sind. Weil sie hoffen und glauben, nicht wahrhaben und nicht loslassen wollen."

Der Junge fragte: „Hast du auch schon nicht loslassen können?"

„Ja, ganz oft sogar. Es ist ein sehr schweres Thema, das Loslassen.
Es ist nicht wie dein Boot, welches du irgendwo hinstellen konntest.
Es ist eine Nicht-Tat. Nichts, was man real tun kann, denn es geht darum, ein Gefühl nicht mehr zu haben.

Gefühle haben die Eigenschaft, sich nicht darum zu kümmern, ob sie noch zur aktuellen Situation passen.
Ich konnte schon oft nicht akzeptieren oder annehmen, dass die Dinge nicht so laufen, wie ich sie mir erträumt habe. Auch ich habe versucht, zu kämpfen.
Und dachte dabei, ich kämpfe für die Liebe."

„Aber Liebe kämpft doch nicht, sagtest du einmal, Opa."

„Sehr richtig. Es ging dabei auch nicht um Liebe, sondern um einen Status. Es ging um Ängste. Angst, vor dem allein sein, nicht richtig zu sein, nicht gut genug zu sein. Es ging um Gewohnheiten.

Menschen lassen nicht los, weil sie festhalten wollen.
Und bei mir ging es oft darum, dass ich mich selbst nicht mochte. Und nun gab es jemanden, der mich mochte und liebte - sogar mehr als ich mich selbst. Und nun ist dieser Mensch weg und mit ihm auch das Gefühl, geliebt zu werden. Und da ich mich selbst nicht liebte, das Gefühl aber vermisste, wollte ich diese Menschen zurück."

„Hmm. Heißt das, dass man nicht für die Liebe kämpfen soll?"

„Jein, mein Junge. Ja, du darfst kämpfen um etwas, dass dir wichtig ist. Aber dabei kämpfst du nicht gegen etwas, sondern für etwas. Du kämpfst dabei aber auch nicht um einen Menschen, sondern mit dir selbst. Es geht dabei um inneres Wachstum, darum, seine eigenen Ängste zu besiegen, darum, einen Menschen so anzunehmen wie er ist, darum, den Menschen als den zu sehen, der er ist. Es geht darum, dass du selbst wieder du wirst und du selbst dich annehmen und liebhaben kannst.

Wenn du das schaffst, kann auch eine Beziehung (wieder) funktionieren; dann aber unter grundsätzlich neuen Voraussetzungen. Es wäre ein neues Kapitel mit einem Menschen aus der Vergangenheit.

Aber viele schaffen das nicht; sehen nicht ihre Ängste, sondern nur die ihres Partners. In diesen Fällen wird es nie einen wirklichen Neuanfang geben, sondern immer nur aufgewärmte Suppe, deren Geschmack ich vielleicht vermisst habe, aber doch bald wieder überdrüssig bin."

„Und wie lass ich nun los?"

Der Großvater sah sich den wunderschönen Sonnenuntergang an, blickte auf das Farbenmeer am Himmel und sagte: „Wenn ich wieder bei mir bin, ich mich selbst so wichtig nehme, wie ich diesen Menschen wichtig genommen habe, wenn ich den Fokus vom anderen auf mich richte, dann werde ich nach und nach loslassen können.

Stell dir einen breiten, ausgetretenen Weg vor, den du schon oft gelaufen bist. Dieser Weg ist deine Beziehung zu diesem Menschen mit all deinen Gefühlen dafür.
Heute möchtest du diesen Weg nicht mehr gehen und du läufst stattdessen einfach übers Feld. Morgen jedoch nimmst du das Feld gar nicht wahr und gehst wieder deinen alten, ausgetretenen Weg. So geht es nun Tag um Tag. Anfangs läufst du oft noch gedankenverloren den alten Weg. Irgendwann jedoch fängst du an, immer häufiger übers Feld zu gehen. Und nach einiger Zeit siehst du, dass sich da ein Trampelpfad bildet und der breite

Weg langsam zu wuchert. Irgendwann, wenn du den neuen Pfad oft genug beschritten hast, ist aus ihm ein neuer Weg geworden und der alte Weg nur noch erahnbar.

Dann hast du losgelassen.

Loslassen ist Selbstbefreiung und diese findest du nicht in den Fesseln der Vergangenheit."

MÄRCHENZEIT

Als Kind habe ich viele Märchen gelesen. Ich hatte einige Märchenbücher zuhause und bin regelmäßig in diese Märchenwelt geflüchtet, wo es immer ein klar definiertes Gutes und Böses gab, am Ende alles gut wurde und alle Guten glücklich bis an ihr Lebensende zusammenlebten. Und ich dachte mir immer, dass ich das auch möchte.

Dass am Ende alles gut wird, alles einen Sinn ergibt und ich der Held meiner eigenen Geschichte bin.

Im Realen war das leider oft nicht so. Also träumte ich mich weg, in meine eigene Märchenwelt. Ich wurde ein Tagträumer, der es liebte, seine Geschichten im Kopf durchzuspielen.

Nur war das nicht das wirkliche Leben.

Die Realität war eine andere.

Dann gab es immer wieder Sätze zu hören, wie: „Bis du heiratest, ist alles wieder gut."

Andere sprachen von dem einen Menschen im Leben, den es zu finden gilt, der mich glücklich macht, mit dem ich eine Familie gründen, Kinder, ein Haus, Hund haben werde.

Es gab ein Ideal, dass es zu erreichen gilt und mit welchem ich glücklich werden könne.

Alles war auf einen fernen Tag ausgerichtet, an dem alles, wonach ich jemals sehnte, zusammenkommen sollte. Und das gesamte Leben wäre nur eine Vorbereitung für den Tag des großen Glücks.

So, wie es mir die Märchen erzählt haben.

Ich sah Mädchen, die sich den Prinzen, der sie heiraten wird, ausmalten. Wie er daherkommen würde, auf seinem weißen Pferd mit goldenem Umhang. Wunderschön anzusehen, mit allen Reichtümern der Welt ausgestattet. Er würde sie, wovor auch immer, retten.

Und nur mit ihm würden sie glücklich sein, bis sie das Zeitliche segnet.

Und ich sah Jungs, die mit dem Bewusstsein aufwuchsen, dass sie Prinzen oder Könige sein mussten, dass sie heldenhaft mutig, furchtlos und am besten mit einem Königreich ausgestattet sein sollten.

Sie sollten den Frauen, den Prinzessinnen, alles bieten, was sie bräuchten. Immer für sie da sein, stets ahnend, wonach diese sehnten.

Und mit diesen eingeprägten, zigmal gelesenen und geträumten Geschichten, erwuchsen aus den Kindern Erwachsene.

Ich sah Frauen von Beziehung zu Beziehung eilen. Immer auf der Suche nach dem Prinzen, nach Mr. Right und nach dem Glück, nach der Liebe. Nicht wenige wurden trauriger und trauriger, je länger ihre Suche dauerte.

Manche verbitterten, verfluchten die Märchen aus Kindheitstagen. Sahen DEN Tag des großen Glücks für immer verschwinden.

Nicht, weil sie nicht geliebt wurden, nicht weil sie nicht angenommen wurden, nur, weil es noch was Besseres geben musste.

Und die Männer? Sie waren nur in den wenigsten Fällen die Prinzen, meist ohne Königreiche und manchmal nicht mal besonders mutig.

Sie konnten nicht die Retter sein, die sie sein sollten.

Denn was uns die Märchen verschweigen, ist, dass Märchen eben nur Märchen sind.

Geschriebene Wünsche aus einem nie gelebten Traumland.

Idealisierte Geschichten, die mich lediglich wissen lassen, dass mein Leben, das ich lebe, nicht gut genug ist, um ein König zu sein.

Dass ich keine Prinzessin bin und auch keine werde, wenn nicht endlich dieser eine Prinz angeritten kommt.

Und so gehe ich immer wieder Beziehungen ein.

Hoffe und träume davon, wer diese/r Partner/in für mich sein wird, erträume mir ein WIR, in dem ich endlich ankomme, beim: „Und sie lebten glücklich bis ans Lebensende."

Bis es dann kompliziert wird, weil ich einem Märchen nachgerannt bin. Dann sehe ich zu, dass ich diesen Menschen, zu dem ich letztens noch sagte: „Ich liebe Dich", loswerde. Ich entidealisiere ihn; mache ihn wieder zum Bauern, der er eigentlich schon immer war und sage allen, dass dieser Mensch nicht Mr. Right oder Mrs. Right war.

Und das wird mein ganzes Leben so weiter gehen.

So lange, bis ich verstehe, dass kein Mensch jemals sein ganzes Leben glücklich war; dass keine lange Beziehung jemals so lang von Bestand war, weil es nur einen Höhenflug gab; dass die ernsthafteste Beziehung erst dann ein festes Fundament erhält, wenn die Stürme zusammen überstanden werden; dass es keine perfekten Menschen gibt.

Oder ich bleib beim Märchenprinzen, dem ich nach träume. Dann werde ich noch viele kürzere oder längere Beziehungen haben und am Ende allein dastehen.

Ich bin ein Mensch. Kein besonders Guter und kein besonders Schlechter.

Ich bin nicht der Größte, der Hübscheste, der Leichteste, der Reichste, der Intelligenteste, der Angstloseste, der Mutigste, der Poetischste, der Träumerischste, der Launigste.

Ich bin in nichts der Beste, außer im ich Selbst sein.

Wenn dir das reicht, werde ich dadurch zu deinem kleinen Prinzen.

Wenn du mir so reichst, wirst du dadurch zu meiner kleinen Prinzessin.

Obwohl wir wissen, dass wir große Bauern sind.

Und dann sag ich dir: „Lass uns keine Märchen träumen, lass uns unser Leben so märchenhaft leben, wie es geht."

Und das geht am einfachsten, wenn ich den inneren Prinzen oder die innere Prinzessin im Spiegel erkenne.

Denn ich habe ein Königreich und das schwimmt im Unendlichkeitsteich meines Herzens.

Reicht dir das?

DAS LEBEN IST SCHÖN
- DAS GUTE -

Ich lebe, beginne meinen Tag.

Steh auf, geh ins Bad, seh mich. Zerknittert von der Nacht. Sehe Entfaltungsmöglichkeiten, lass mich von den Gedanken leiten, zurück zur Nacht, da wurde gesungen, getanzt, gelacht.

Schau wieder in den Spiegel, das zerknitterte Bild darin sagt mir, das hat Spaß gemacht.

Zieh mich an, Lieblingssachen an mir dran, fühl mich gut, pfeif ein Lied.

Geh raus, kauf mir am Kiosk an der Ecke, bei der süßen Kessen, ne "Echte Welt". Die alles enthält, was geschieht und passiert, nichts ist kaschiert, alles klar und wunderbar wahr.

Lese von Liebe, Glück, Freude. Freu mich auch, so solls sein. Stell mir vor, wie es wohl wär, stände da nichts Gutes mehr. Stände da nur was von Krieg, Furcht und Flucht, Angst, Gewalt und Sucht.

Mich schüttelts, wer will sowas lesen?

Schnapp mir den Gedankenbesen und kehre die schlechten Gedanken raus, aus meinem Lebensfrohsinnhaus.

Ich treffe Freunde und sie sagen, was sie erlebten, in den letzten Tagen.

Sie sprechen von Momenten tiefer Berührung. Von Glück und einer Verführung. Wir lachen uns an, ich freu mich so.

Das Leben ist schön, hier bei mir und anderswo.

Es fängt an zu regnen, na das find ich gut. Ich lauf hinaus, hinein ins Wasser, das von oben rauscht. Völlig durchnässt steh ich nun da, ein heißer Kaffee, wäre doch genau jetzt ganz wunderbar.

Sehe den Wirt schon winken, er lädt mich ein. „Komm doch rein." Wir setzen uns, lachen viel. Der Kaffee ist gut, das Leben ist schön.

Meine Liebste ist gleich hier. Wir sagten uns für Heute, an jenem Ort ein Treffen zu - um Vier.

Ich tanz auf einem Bein, Leichtigkeit im Leben, ich scheine zu schweben, als ich sie seh, auf sie zu geh, mit ihr geh.

Wir versuchen uns in Pirouetten, lachen, als wir sitzen mit dem Wissen, dass wir das noch besser können.

Die Lieblingshose sagt mir nun, nochmal üben, aber nicht hier, sondern nächstes Mal vielleicht da drüben.

Wir lauschen dem Trubel der da läuft. Kinderlachen, Spaßmachsachen, Drachen steigen, sich verkleiden, lehnen uns aneinander an und dann und wann, sag ich mir, das Leben ist schön, jetzt und hier.

Wie sollte es auch anders sein, ich leb ja heute und nicht morgen auch nicht gestern, das ergibt nur Sorgen.

Aber sowas existiert hier nicht.

Es soll ja Welten geben, wo das Leben erleben ein anderes ist.

Wo alles schlecht und grausam scheint, man sich nur mit Gewehrkugeln trifft, und Bombenstimmung tödlich ist.

Wo Bescheidenheit belächelt wird und man meint, mit materiellem Reichtum glücklich zu sein.

Wo Fremde mich zur Vorsicht leiten, und ich mich verschließe, statt die Arme auszubreiten und auf sie zuzueilen, um sie zu empfangen und einzuladen, mit mir, in meinem Glück zu verweilen, um es mit Ihnen zu teilen.

Nein, eine solche Welt wäre nicht mein.

Und wieder raus mit dem Gedankenbesen, Kehrwoche im Lebensfrohsinnhaus.

Jetzt sitze ich hier, das Treffen um Vier, hängt noch in mir.

Es war ein Moment, geschaffen vom Leben, gehalten vom Glück, geleitet durch Liebe.

Es gibt keinen Ort, wo ich lieber wär, als hier bei mir.

Und ich denke mir:

Das Leben ist schön.

So leg ich mich am Abend ins Bett hinein, grinse in mich rein, wenn ich dran denk, was da war, beim Treffen um Vier. Habe ich euch nichts von erzählt, die Erinnerung daran bleibt mein.

Schlafe glücklich und zufrieden ein.

Über meinem Bett, da steht geschrieben: „Das Leben ist schön." Gute Nacht, ihr Lieben.

MUTMACHER 2
- GIB NICHT AUF -

Du...
Du bist wie gelähmt.
Du weißt nicht, wie es gehen soll.
Du siehst kein Licht mehr.

"Gib nicht auf - Ich glaube an Dich."

Du...
Du denkst, Du hast zu viel falsch gemacht.
Du glaubst, Du bist es nicht wert.
Du meinst, Dir fehlt die Kraft.

"Gib nicht auf - Ich glaube an Dich."

Du...
Du willst das Alte vergessen.
Du kannst dem Sturm nicht mehr widerstehen.
Du wirst übermannt von Schmerz.

"Gib nicht auf - Ich glaube an Dich."

Du...
Du hast Dich selbst verloren.
Du glaubst, nicht liebenswert zu sein.
Du denkst, niemand ist Dir nah.

"Gib nicht auf - Ich glaube an Dich."

Du...

Du bist unendlich leer.

Du hast keine Tränen mehr.

Du hast Dein Lachen vergessen.

"Gib nicht auf - Ich glaube an Dich."

Du...

Du weißt nicht, ob Du noch fühlst.

Du drehst Dich nur noch im Kreis.

Du suchst nach Deinem Licht.

"Gib nicht auf - Ich glaube an Dich."

Wenn Du den Glauben verlierst - Ich glaube an Dich.

Wenn Du das Vertrauen verlierst - Ich vertraue Dir.

Wenn Du Dich allein fühlst - Ich bin bei Dir.

Wenn Du fällst - Ich halte Dich.

Wenn Du frierst - Ich wärme Dich.

Wenn Du vergisst - Ich erinnere Dich.

Wenn Du aufgibst - Ich mach für Dich weiter.

Wenn Du blind wirst - Ich sehe für Dich.

Wenn Du schwach bist - Ich stärke Dich.

Wenn alles lärmt - Ich beruhige Dich.

Wenn Du hasst - Ich liebe für Dich.

Wenn Du der Abschied bist - Ich bin Dein Neuanfang.

Denn ich glaube an Dich.

Für immer!

Glaub an Dich.

Ich liebe Dich.

Dein Spiegelbild.

FRAGEZEICHEN AM LEBENSWEG

Du darfst mir begegnen,
du musst es nicht,
aber kannst du mir begegnen?

Du darfst MICH sehen,
du musst es nicht,
aber kannst du MICH sehen?

Du darfst mich anschauen,
du musst es nicht,
aber kannst du mich anschauen?

Du darfst mich annehmen,
du musst es nicht,
aber kannst du mich annehmen?

Du darfst mit mir reden,
du musst es nicht,
aber kannst du mit mir reden?

Du darfst mich lieben,
du musst es nicht,
aber kannst du mich lieben?

Du darfst den Weg mit mir gehen,
du musst es nicht,
aber kannst du den Weg mit mir gehen?

Du darfst mir meine Zeit geben,
du musst es nicht,
aber kannst du mir meine Zeit geben?

Du darfst mir vertrauen,
du musst es nicht,
aber kannst du mir vertrauen?

Du darfst dich fallen lassen,
du musst es nicht,
aber kannst du dich fallen lassen?

Du darfst dich öffnen,
du musst es nicht,
aber kannst du dich öffnen?

Du darfst dich von den Ängsten befreien,
du musst es nicht,
aber kannst du dich von den Ängsten befreien?

Du darfst werden, wer du sein willst,
du musst es nicht,
aber kannst du werden, wer du sein willst?

Du darfst,
musst nichts,
aber kannst du es?

Du darfst, sagt das Herz,
du musst, sagt die Angst,
aber im „Kannst du es?" findest du deine Wahrheit.

STRANDGESPRÄCHE
- DAS BESTE -

Es war ein langer Spaziergang durch die Natur. Es mögen Stunden gewesen sein, genau war das nicht auszumachen und letztlich war es auch völlig egal. Glücklich kamen der Großvater und sein Enkel an ihrem Lieblingsstrand an.

Sie setzten sich wieder unter die kleine Baumreihe, sogen mit einem tiefen Atemzug das Leben um sich herum ein und ließen sich befreit fallen.

Der Junge lächelte. „Weißt du Opa," fing er, mit einem breiten Grinsen auf dem Gesicht an, „diese Tage mit dir, die sind so großartig. Ich finde es so schön, dass wir so viel Zeit miteinander verbringen können. Ich wünschte mir, zuhause wäre das auch möglich.

Aber das geht nicht, da heißt es immer nur 'Arbeit, Aufgaben, Dinge erledigen'.
Und bei dir, bei dir gibt es nur Zeit zusammen. Und das ist das Beste für mich."

Der Großvater strich dem Jungen sanft über die Haare. Auch er fand die Zeit, die er mit seinem Enkel verbrachte, sehr intensiv, sehr schön, sehr wertvoll.

Er war ein alter Mann, hatte ein langes Leben hinter sich gebracht. Ein Leben, das ihm viel abverlangt hatte. Mehr als einmal musste er wieder von vorn anfangen. Mehr als einmal musste er sich von geliebten Menschen verabschieden. An einem bestimmten Punkt in seinem Leben dachte er, das Leben sei eine unermüdliche Aneinanderreihung von Problemen, Aufgaben, Schmerzen, Leid. Nur durch kurze Momente des Glücks unterbrochen glaubte er lange, der Sinn im Leben bestehe einzig darin, auf diese Unterbrechungen zu warten, um in ihnen genug Energie aufzusaugen, die Wüste der Glücklosigkeit zu überstehen.

„Auch ich empfinde die Zeit mir dir als sehr schön, mein Junge." sagte er und sah auf den geliebten See hinaus.

Dieser war heute sehr ruhig. Hinter dem See zeigte sich das Gebirge in einer guten Klarsicht, was ihn darauf schließen ließ, dass das Wetter in den kommenden Tagen schlechter werden würde.
Alle Orte waren auszumachen. Das Grün der Wiesen leuchtete und an solchen Tagen war es ihm früher möglich gewesen, selbst Gipfelkreuze zu erkennen. Heute war das nicht mehr möglich. Sein Augenlicht war nicht mehr so stark, wie es mal war.

Er empfand es als eine fast schon poetische Metapher des Lebens, dass wir mit Augen geboren werden, die alles erkennen können. Mit denen wir fast adlerartig in die Ferne schauen können, kleinste Kleinigkeiten sehen und erst mit dem Abnehmen der Sehkraft beginnen, das Wesentliche, das wirklich Wichtige im Leben zu sehen und wieder wahr zu nehmen.

Als würde es vorher gar nicht existieren, als wäre es unsichtbar.
Als wäre die Sehkraft der Preis für die Klarheit.

Er wusste aus seiner Kindheit, dass er damals noch alles sah, sich an allem erfreute, was um ihn herum war und ihm der Schmerz seines Lebens diesen Blick genommen hatte. Es hatte lange Jahre gedauert, bis er ihn wieder fand. Und die Zeit mit seinem Enkel ist dabei nicht ganz unwichtig gewesen.

Er dachte an die Worte seines Enkels. 'Das Beste' sei die Zeit mit ihm.

Das Beste. Er hatte einmal eine Geschichte gelesen. Es ging darin um die Reise eines Suchenden, der das Beste im Leben finden wollte.
Er musste innerlich laut loslachen. Da war ein Suchender, der das ganze Leben damit verbrachte, das Beste zu finden und sein Enkel saß neben ihm und ohne zu suchen, hatte er das gefunden, was andere nur schwer finden können. Eben weil sie suchen, nicht hin fühlen.

Ein Zitat kam ihm dazu in den Sinn: „Das Beste im Leben kannst du nur mit dem Herzen erkennen, für die Augen bleibt es für immer unsichtbar." sagte er zu seinem Enkel.

Der Junge, der nichts von den Gedanken seines Großvaters wusste, wandte sich erstaunt um. Er sah den Großvater an. Dieser sah heute müde aus, vielleicht waren sie zu lang spazieren gewesen, selbst er war ganz schön kaputt.
Er schimpfte innerlich ein wenig mit sich. Er solle aufmerksamer sein, der Großvater war schon ein alter Mann und alte Männer sterben irgendwann. Und sein Großvater sollte noch lange leben. Vielleicht unendlich lang. Es verpasste ihm einen Stich ins Herz, dass der Großvater eines Tages nicht mehr da sein könnte.

„Du bist das Beste in meinem Leben, Opa. Bei dir kann ich immer so sein, wie ich bin. Wenn ich etwas falsch mache, bist du mir nie böse. Meist lachen wir sogar über den Blödsinn, den ich angestellt habe. Du nimmst mich oft in den Arm und ich kann mit dir über alles reden."

Der Großvater war berührt von den Worten seines Enkelsohnes. Er nahm ihn sanft in den Arm und eine Weile blieben sie so sitzen.

Beide fühlten sich so wohl miteinander, beide konnten immer sie selbst sein. Der Junge lernte vom Großvater viel über das Leben, der Großvater erlernte wieder das Kind sein und die kindlich freie Sicht auf die Dinge des Lebens.
Und in dieser Sekunde erkannte er, dass das Beste im Leben die Liebe war.

Die Liebe, die ein Mensch für sich selbst empfinden kann.

Die Liebe, die ein Mensch für einen anderen Menschen empfinden kann.

Die Liebe, mit der ein Mensch alles im Leben erkennen und sein kann.

Wenn der Blick nach innen offenbleibt oder wieder geöffnet wird.
Selbst die Aufgaben und Probleme, die er in seinem Leben hatte, waren durch einen Perspektivwechsel, welcher von der Liebe ausging, nie so dramatisch, wie sie sich in dem Moment angefühlt hatten.

Was für eine irrsinnige Reise durchs Leben, dachte sich der alte Mann.

Er hatte so alt werden, so zur Ruhe kommen, so mit sich selbst in Einklang, so gelassen werden müssen, um eine Einsicht zu erhalten, welche jedes Kind in sich trägt.

Und er sagte zu seinem Enkel: „Bitte, mein Junge, verlerne nie, das Beste in allem zu sehen. Verlerne nie, dich frei zu fühlen. Verlerne nie, zu lachen. Verlerne nie, zu lieben.

Verlerne nie, ein Kind zu sein."

ERFAHRUNGSGLEICHMACHEREI

Bestimmte Situationen, die in mir wohnen, die es mal gab - an einem bestimmten Tag - kommen wieder; ziehen mich dann und wann nieder, um mich zu erinnern; wollen Dinge verschlimmern, sich neu ins Hirn rein zimmern.

Da war mal Was und Wer, ist noch nicht mal lang her, der sagte und machte, der wollte - und ich sollte. Das ist mir gar nicht gut bekommen, hat sich doch jemand ungerechter Weise - auf seine Art - meine Gleise zu seiner gemacht. Ich habe nicht nachgedacht oder doch zu viel drüber gewacht?

Ich weiß nicht genau, ist auch nicht schlimm, denke ich. Auf jeden Fall und das ist klar, habe ich mir gesagt, nein. Geschworen, dass ich das und jenes, oder solches und dieses nicht und nie mehr mit mir machen lass.

Da denk ich mir, das ist mein Recht. Und wenn sich jetzt da einer noch erdreistet, mir zu erzählen, ich hätte nicht zu wählen, ich kann die Sachen nicht an Vergangenem, längst schon Altem, festmachen, dann frag ich ihn - und das ist mein Ernst: „Bist du noch ganz bei Trost?" Bin so sauer, bau mir direkt die chinesische, nein, noch größere Mauer!

Wie kommt der drauf, mir zu sagen, dass ich, nach allem was ich erlebt, gesehen und gefühlt hab, mich darauf nicht stützen sollt, wo ich mich doch schützen wollt, vor diesen Dingen aus vergangenen Tagen.

Ich möcht mich doch nicht mehr als falsch oder doof degradieren, will doch nie mehr - und das ist wohl klar - am Ende des Tages mir sagen, dass es Dieser oder Diese doch nicht war.

Darum achte ich genau bis in die kleinsten Details und – hey, ich habe ein Gespür dafür erschaffen, genau darauf zu achten, wenn sich Dinge ergeben, die aus meinem Erleben, schon mal nicht richtig waren, werde ich dir sagen.

Und jetzt kommst du und sagst so Sachen, dass ich doch nicht einen neuen Menschen an einem vergangenen Lachen festmachen oder weglassen darf. Erzählst mir, dass das ein Anderer und nicht ein Gleicher ist und dass die Überschneidungen nur deshalb in mir aufpoppen, weil ich sie such, wie ein bestimmtes Wort in einem meterdicken Buch.

Dass eine Mimik oder ein Denken nicht identisch ist mit dem Alten, längst verwelktem, aber noch so wachem Erfahrungsbrei aus meinem Leben in der Zeit der Angst.

Und wo wir gerade bei den Ängsten sind, da kommen so leise Worte von dir zu mir, die mir sagen, dass diese Ängste mich doch nur lähmen und schnüren, raus aus dem Fühlen ziehen und mir weiß machen, dass ich das schon kenn und ich deshalb weg renn, weil ich gewiss bin, dass mich diese Situation wieder in den gleichen, nie mehr gewollten Weg führen.

Aber ich will nun mal nicht und niemals mehr, dass es so wird, wie es war, sondern neu und deshalb ganz besonders wahr.

Darum liste ich auf, wie der und der mal waren, um mir dann, wenn du mir begegnest, abzulesen und zusammen zu zählen, ob du denn jetzt richtig für mich bist.

Ist ja wohl klar und deshalb auch wieder wahr.

Und sollte ich wirklich sehen, dass du hier und da was hast, was ich ähnlich oder genau oder doch anders aber irgendwie doch wieder gleich oder, naja fast so, auf jeden Fall aber bestimmt… Egal. Wenn du also was hast, was mich erinnert, dann bist du falsch für mich, werde ich dir sagen. Werde dann noch deinen Fragen im Blick ausweichen und mich selbst schnell vom Acker jagen. SO steht man für sich ein! Ich habe jetzt bald den Erleuchtetenschein; bin weit voran gekommen auf meinem Weg zu mir, sag ich dir.

Und bleib für alle Zeit für mich, mit mir allein, richte mich im einsam sein ein und erzähle mir, dass ich niemanden brauch, sondern für mich sein kann und nie mehr Angst habe, Angst zu haben, weil da keiner mehr kam und kommt, der dann in mir wohnt, auch wenn ich es mir wünsche. Werde ich dir aber nicht sagen.

MIST!!!

Oder doch, kann ich dich noch fragen, mir das nochmal zu sagen? Bin halt am Verzagen, mit dem ganzen mich

nicht fragen, sondern den Anderen anklagen, ich hör
nicht mehr weg und doch deswegen zu.

Starten wir nochmal neu, vielleicht jetzt ohne Scheu.

DIE ANTIZIPATION DER PARTNERWAHL

Die Partnersuche.
Für viele ein Thema, das sie fast das ganze Leben beschäftigt. Begleitet von längeren oder kürzeren Unterbrechungen in denen man denkt, angekommen zu sein, um irgendwann wieder am Ausgangspunkt zu stehen, oft noch konfuser und frustrierter als zuvor.

Ein Gedicht von Erich Fried lautet: "Was es ist". Hier geht es um den Kampf zwischen Kopf und Herz. Der Kopf hat alle möglichen Ängste, Ausreden, Ausflüchte. Kennt 1.000 Gründe, warum etwas nicht gehen kann, gehen wird, niemals, nie, NIE! NEIN!

Und das Herz steht dann für sich, spricht für sich, mit all seinem Mut, seiner Leidenschaft, mit seinem Wunsch nach Liebe und einem "JA!".

Aber unsere Erfahrungen haben uns gelehrt, aufzupassen, zu hinterfragen, zu misstrauen; uns zurückzuhalten. Soll der andere sich öffnen, vielleicht öffne ich mich dann auch. Ein wenig. Vielleicht.

Und ich nehme mir vor, bei der nächsten Partnerin/ dem nächsten Partner vorzusortieren, einzugrenzen, auszuschließen. Ich erstelle im Kopf Listen mit "must haves" und "no gos". Ein Partner darf das nicht haben, so nicht sein, muss aber hier alles können. Was ich nicht kann.

Und mit dieser Liste im Kopf, geschrieben von der Feder meiner Lebenserfahrung, gehe ich dann in die Welt hinaus und hoffe, so endlich den oder die Richtige zu finden.

Diese eine Person, die geschaffen ist, mich zu retten, mein Hafen, meine Endstation.

Und nach vielen Versuchen, Frustrationen, Auferstehungen, stelle ich fest, dass ich keinen Meter weitergekommen bin; scheinbar in einer Schleife feststecke.

Vielleicht fange ich dann an, mich zu fragen: "Warum?"
Warum komme ich nicht weiter? Warum passieren die gleichen Dinge immer wieder? Warum finde ich den heiligen Gral nicht?
Die Antwort ist so einfach wie kompliziert.
Es liegt an mir.
Alles beginnt mit mir, mit meiner eigenen Sicht auf mich selbst.
Wie gut kannst du dich annehmen? Wie sehr kannst du dich selbst lieben?

Stell dich vor dir selbst hin und schau dich an. Du gehst raus, mit deiner Liste an Erwartungen, die dich selbst so sehr einschränken und hoffst wirklich, dass du so die Liebe findest? Liebe, die du an Listen vorsortierst?
Und mal ehrlich, wie viele von den Punkten auf dieser Liste würdest du selbst erfüllen? Oder ist diese Liste gar deine Seite, die niemand sehen soll?

Du kannst niemals bei einem Partner ankommen; dazu müssten Körper chemisch verschmelzen.
Du kannst nur bei dir selbst ankommen. Und das kann nur geschehen, wenn du dich selbst annimmst, akzeptiers, liebst. Merkst, dass alles, was du brauchst, in dir ist und ein Partner das nur noch weiter unterstützen kann.
Aber niemals wird ein Partner deine Leere ausfüllen, deinen Mangel ausgleichen können. Wenn du das hoffst, dann weiterhin viel Spaß im Hamsterrad!

Schmeiß deine ganzen Erwartungen über Bord! Sie hindern dich nur dabei, frei zu atmen. Du wirst in jedem Menschen Eigenschaften entdecken, die du ablehnst, die du selbst aber in dir trägst.

Du wirst in jeder Beziehung mit Situationen konfrontiert, die nicht in gesellschaftliche Konventionen passen; sei das Untreue, Unehrlichkeit oder sonst was.

Erinnere dich aber immer an dein Gefühl für dein Gegenüber. Jeder Mensch ist auch nach Jahren der Entwicklung tief in seiner Seele noch der, in den du dich verliebt hast.

Einen Partner zu lieben bedeutet, ihn so anzunehmen, wie er ist. Sich selbst zu lieben bedeutet, sich anzunehmen wie man ist.

Wer das eine nicht kann, dem wird das andere nicht gelingen.

Und ganz gewiss kann auch die perfekteste Beziehung zerbrechen.

Aber das ist nicht schlimm, denn es ist der Fluss des Lebens, der im ständigen Wandel ist. Ob eine Woche, fünf Monate oder zwanzig Jahre - wenn du in dieser Zeit glücklich warst, sei dankbar dafür. Nichts auf dieser Welt ist falsch.

Blicke auf dich; erkenne, wer du bist und wer du sein willst. Bleib bei dir; steh vor dir selbst stramm; nimm dich selbst ernster, als irgendetwas anderes auf dieser Welt. Und liebe dich selbst.

Und du wirst niemals mehr Erwartungslisten schreiben; dich nie mehr von deinen Erfahrungen leiten lassen, sondern deinem Gegenüber so begegnen, wie du wirklich bist - mit all deiner Freiheit und Liebe. Und so wirst du dann geliebt werden, bis in alle Ewigkeit.

VON DER SCHULD UND DER SCHAM

Gefühle entstehen in mir drin.

Sie werden nicht und niemals von anderen in mich hineingepflanzt.

Es gibt so unendlich viele Themen, über die Menschen sprechen, sich auslassen, diskutieren. Es gibt Themen, da werden andere klein gemacht oder zerstört; diskreditiert und verleumdet. Es gibt Themen, wo man sich selbst übergroß darstellt, seine Sonnenseiten mal scheinen lässt; wo man brillieren kann, mit seinem Wissen und Können.

Es gibt Themen, bei denen man gesellschaftlich voll akzeptiert wird, weil man perfekt am Rahmen angepasst ist, ohne, dass auch nur einer begreift, dass dieser Rahmen, diese Angepasstheit, eine persönliche Bankrotterklärung der Gesellschaft darstellt.

Und es gibt Themen, über die man mit niemanden redet. Mit niemandem reden kann.

Vielleicht kann ich dir ein wenig erzählen von dem, was wirklich in mir ist; was mich beschäftigt, nachts nicht schlafen lässt; mich umtreibt, mich Kraft kostet.

Ich kann dir nicht alles erzählen. Ich kann es nicht.

Denn ich schäme mich. Denn ich fühle mich schuldig.

Welch furchtbare Gefühle, sich zu schämen, sich schuldig zu fühlen.

Sich eingestehen zu müssen, dass man nicht gesellschaftskonform leben kann, weil die Lebensumstände sich so stark geändert haben, man seinen Job verloren hat, eine Beziehung aufgrund der eigenen Ängste zerbrochen ist, man krank ist, Geldsorgen hat, süchtig ist.

Man hier und dort nicht mitmachen kann, weil es an allen Ecken und Enden fehlt. Man überfordert ist, mit den Kindern, der Familie, dem eigenen Leben, der scheinbaren Unzulänglichkeit.

Weil man abgetrieben hat, missbraucht wurde oder einer anderen Form von Gewalt ausgesetzt war. Weil andere mir zeigen, dass alles ganz einfach ist, sie zeigen, was sie haben; sich selbst hochleben lassen. Weil ich höre, dass das, was mich bedrückt, ein No-Go in der Gesellschaft ist. Weil ich mir nicht eingestehen kann, dass ich hier und jetzt vielleicht an einem Punkt bin, an dem ich allein nicht weiterkomme.

Ich fühle mich schuldig, weil ich den Erwartungen der anderen und den Erwartungen an mich selbst nicht gerecht werde ...nicht gerecht werden kann.

Ich habe das Gefühl, gescheitert zu sein. Und das macht mich klein.

Noch kleiner. Und da schäme ich mich. Für meine Unzulänglichkeit.
Und je länger ich mich schuldig fühle und mich dafür

schäme, umso tiefer wird es mich hinabziehen. Und diese Abwärtsspirale hat an ihrem tiefsten Punkt nur ein Ende. Im schlimmsten Fall nehmen sich Menschen aufgrund von Schuld und Scham das Leben.

Aber dieses Ende soll nicht mein Ende werden. Das entspricht mir nicht. Was kann ich also tun? Wie kann ich mich befreien? Wie kann ich aus dem Tal hinaufkommen?

Es gibt 2 Wege, damit umzugehen.

1. Weglaufen: Das, was ich wahrscheinlich bisher gemacht habe. Ich habe verdrängt, die Augen verschlossen, es nicht wahrhaben wollen, verleumdet, klein geredet.

2. Annehmen: Ich kann das, was ist, zulassen. Ich kann hinsehen, es akzeptieren und annehmen.

Nun ist das leicht dahingesagt... Wie aber kann ich es denn wirklich annehmen; das, wofür ich mich doch so schäme und mich so unendlich schuldig fühle?

Zuallererst möchte ich dir sagen:

„Du bist gut, so wie du bist!"

Du bist nicht der Erste und ganz sicher nicht der Letzte, mit genau deinen Problemen. Sonst gäbe es dafür keinen Namen.

„Du bist nicht falsch!"

Alles von dem, was dir passiert ist, kann auch jeden anderen treffen.

Und weißt du was? Sie passieren auch anderen. Menschen, die du jeden Tag siehst, die du meinst, gut zu kennen, haben gleiche oder ähnliche Sorgen wie du. Und auch sie haben Angst, sich zu öffnen, weil auch sie sich schämen und schuldig fühlen.

„Du bist nicht allein!"

Es gibt Menschen um dich herum oder in deiner Nähe, die es durch das Tal, was gerade vor dir liegt, schon geschafft haben. Die deinen Weg schon gegangen sind. Nur sprechen die wenigsten darüber. Aus der Schuld heraus und aus dem Schamgefühl. Und wenn du merkst, dass jetzt der Punkt erreicht ist, an dem du dich dem Übel entgegenstellen möchtest - such dir Hilfe.

Ja, du musst hier aus deiner Komfortzone raus. Sie hat dich in diese Situation gebracht. Werde dir dessen bewusst.
Ja, das kostet Kraft, natürlich. Denn mit der gleichen Kraft hältst du ja daran fest.

Und deshalb such dir jemanden, der dich unterstützt beim Ziehen.

Das heißt nicht, dass du dich dem Erstbesten offenbaren sollst, denn nicht jeder wird dich verstehen, nicht jeder meint es gut mit dir und nicht jeder wird damit vertraulich umgehen.

Aber es gibt professionelle Anlaufstellen, es gibt wirkliche Freunde. Und es gibt Menschen da draußen, die aus ihrer eigenen Geschichte gelernt haben. Du findest auch sie, wenn du zuhörst und dich im richtigen Moment ein wenig öffnest. Du wirst nicht verurteilt werden. Und mal ehrlich, mehr als du dich selbst verurteilst, kann es kein anderer tun.

Scham und Schuld, so wie du sie empfindest, sind nicht real. Das lass dir mal durch den Kopf gehen. Es entsteht in dir, aus deiner Erziehung, aus gesellschaftlichen Gepflogenheiten, aus deinen Erwartungen heraus. Sie sind nicht real. Wären sie real, müssten alle Menschen auf dieser Welt mit demselben Thema gleich umgehen.

Aber jeder hat seine Stärken an einer anderen Stelle und wird so mit jedem Problem anders umgehen. Manche trauen sich nicht in den Keller - du hast dir hier nen Partyraum errichtet. Manche haben Angst vor Menschen - du liebst es, unter Leute zu gehen. Manche sind magersüchtig - du liebst es, gut zu essen. Manche haben Angst vor Wasser - du gehst jeden Tag schwimmen.

Verstehst du, was ich meine?

Wäre die Angst der Menschen vor Wasser real, würden alle, auch du, diese Angst haben. Und ein jeder schämt sich für seine Ängste. Du darfst dich schämen und schuldig fühlen. Aber du darfst dich dem auch entgegenstellen.
Du darfst es verdrängen. Aber du darfst es auch annehmen.

Du darfst glücklich sein.

Du bist, wer du bist, mit all deinen Zweifeln, Ängsten, Unzulänglichkeiten, Makeln. Aber du bist auch all dein Gutes, deine Talente, deine Liebe, dein Wesen.

Du bist gut, so wie du bist!

Du bist nicht falsch!

Du bist nicht allein!

Ich glaube an dich!

Vielleicht mehr, als du an dich glaubst, denn ich weiß, du schaffst es.

DER MANN IM SPIEGEL
- SELBSTLIEBE -

Bei mir im Flur hängt ein Gedicht von (wahrscheinlich) Charlie Chaplin. Es heißt: „Als ich mich selbst zu lieben begann." Es ist ein wunderbares Gedicht. Eines, welches aufzeigt, welche Veränderung in Menschen stattfindet, wenn man anfängt, sich selbst so anzunehmen, wie man ist.

Sich selbst achten, schätzen, lieben. Leicht dahingesagt. Ich lese immer wieder Texte, in denen mir propagiert wird, dass das ganz einfach ist.

Ich solle einfach nur raus gehen, atmen, bewusst sein, das Schöne wahrnehmen – wenn es nicht weiter geht, dann solle ich die Energien fließen lassen, auf Gott vertrauen. Alles ist in seinem Fluss und wird schon gut ausgehen, wenn ich es zulasse.

Ist ja alles schön und gut. Klingt auch irgendwie plausibel - nur funktioniert das nicht, um mit mir selbst ins Reine zu kommen, weil ich nur an den Symptomen herumdoktere, aber nicht zum Kern vordringe.

Jeder Mensch ist auf der Suche nach Liebe und jeder hat dafür seinen eigenen Weg. Wenn es wirklich so einfach wäre, sie ohne große Probleme zu finden, gäbe es keine Kriege, Machtkämpfe, Neid.

Aber die Welt sieht leider anders aus.

Etwas, das so stark wie die Liebe ist, etwas, das sich jeder wünscht, etwas, das als Ziel überall definiert steht, etwas, das so mächtig ist, dass Menschen sich dafür selbst vergessen, gibt es nicht an jeder Ecke zu finden.

Schon gar nicht, wenn ich mich selbst ablehne.

Ich bin mein schärfster Kritiker. Kein Mensch kennt mich auch nur annähernd so gut wie ich selbst. Ich kenne meine Geschichte, meine Taten und Nichttaten, meine Gedanken und Abgründe. Ich habe meine eigene Sicht auf mich, die gezeichnet ist durch mich selbst. Und da sehe ich viele Fehler, Dumm- und Gemeinheiten, Makel. Ich sehe meinen eigenen Unperfektionismus in einer Welt, wo mir Perfektionismus vorgegeben wird.

Und wenn sich ein Mensch in mich verliebt und mich so annimmt, wie ich bin, auch wenn es nur einen Moment ist, fühle ich mich plötzlich gut und gar nicht mehr so falsch. Dann habe ich ein breites Grinsen im Gesicht und strahle mit der Sonne um die Wette. Irgendwann jedoch bekomme ich dieses Gefühl von meinem Partner nicht mehr so, wie ich es brauche. Und dann kommen meine ganzen Zweifel und Mängel wieder zum Vorschein und ich lehne mich noch mehr ab als vorher. Ich denke dann, ich bin wohl doch nicht liebenswert und richtig, sondern eher falsch, unattraktiv, blöd. Und überhaupt. Ich gehe so hart mit mir ins Gericht, verurteile mich selbst so sehr, dass ich es nicht mal mehr schaffe, mir selbst im Spiegel zu begegnen.

Ich fange nicht nur an, mich abzulehnen, im schlimmsten Fall beginne ich, mich zu hassen.

Ich bin also genau auf dem Weg zum Gegenteil von dem, was ich eigentlich wollte.

Und wie kann ich nun auf den Weg zur Selbstliebe kommen? Wie kann ich es denn schaffen, mich wirklich so anzunehmen, wie ich bin?

Die Frage habe ich mir oft gestellt und sie irgendwann aus einer anderen Perspektive betrachtet: Wie verliebe ich mich in einen Menschen?

Ich sehe dich, du bist mir sympathisch, ich spreche dich an, komme mit dir ins Gespräch. Es wird ein tolles Gespräch, wir tauschen Nummern aus; sagen uns, dass wir das wiederholen möchten; trennen uns, gehen unsere eigenen Wege. Hänge bald wieder mit meinen Gedanken in der Vergangenheit, bin wieder an allem zweifelnd unterwegs, bekomme dann eine Nachricht oder einen Anruf von dir.

Wir beginnen, Zeit miteinander zu verbringen. Mehr und mehr. Wir treffen uns, unternehmen gemeinsam etwas, erschaffen Momente. Wir bauen uns unseren eigenen Raum auf. Ich fühle mich wohl mit dir.

Du bist toll!

Hast so viele gute Seiten, interessante Geschichten, bist witzig, tiefgründig, ganz meine Wellenlänge.

Ich gebe dir täglich mehr Raum in mir, möchte das Zusammensein intensivieren. Irgendwann bist du in meinen Gedanken angekommen. Erst nur ein wenig, dann immer ausbreitender. Und mit jeder Ausweitung werden Zweifel an mir selbst kleiner. Dann bemerke ich, dass du zu meinem Grundrauschen wirst, der Gedanke an dich immer in mir ist.

Mein Herz springt vor Glück, wenn ich dich sehe, höre, lese. Ich fühle mich verbunden, richtig, angenommen. Geliebt.

Und in einem bestimmten Moment sage ich es dir auch. Ich liebe Dich!

Ich liebe dich, kann es dir sagen und fühle, dass du ähnlich fühlst. Wolke 7 ist ganz nah. Ich schwebe.

Und witzigerweise wird alles um mich herum leichter, gar nicht mehr so schwer und schlimm, es ist eine Leichtigkeit in mir. Mir ist plötzlich egal, was andere über mich denken und sagen. Ich lächle es weg, es kommt nicht mehr bei mir an, ihre Worte haben keinen Landeplatz mehr bei mir, denn dort bist du. Mein Leben zeigt sich von seiner schönsten Seite und ich liebe es. Und so schlimm bin ich ja jetzt doch nicht, alles halb so wild. Ich lebe und will das auch jedem zeigen und wissen lassen. Das Lachen ist mein ständiger Begleiter.

JA!

Alles in mir sagt JA!

Hach, schöne Geschichte. Und was hat das jetzt mit Selbstliebe zu tun?

Eine ganze Menge!

Dieser Mensch - DU - hast kein Gefühl in mich hinein gepflanzt, wir waren auch ganz sicher nicht in der "Liebeinjizierungsklinik", ich habe auch keine Drogen genommen - auch wenn es sich so anfühlt.

Ich habe mich nur entschieden und angenommen.

Ich habe mich für dich entschieden und dich angenommen.

Ich habe mich für mich entschieden und mich angenommen.

Brauche ich wirklich einen anderen Menschen, um dieses Gefühl in mir zu erzeugen oder kann ich das mit allem schaffen? Ich sehe Menschen, die ihre Tiere, das Meer, Blumen, Farben, die Natur lieben.

Ich kann mich also in alles verlieben, in das ich mich verlieben möchte - also auch in mich!

Wieso kann ich nicht auf mich zugehen, wie ich auf dich zugehe?

Wieso kann ich nicht anfangen, Zeit mit mir zu verbringen, wieso kann ich nicht mit mir ins Kino gehen, mir den Sonnenuntergang mit mir ansehen, mit mir dorthin gehen, wohin mich ein anderer nicht begleiten würde?

Weil ich mich nicht traue.

Und so werde ich auch nicht anfangen können, mich in mich zu verlieben. Erzähle mir weiterhin, dass ich jemand anderes brauche. Jemanden, der es eine Zeitlang schafft, dass ich mich von mir selbst ablenke.

Vielleicht, vielleicht halte ich auch irgendwann inne und beginne, mich auf meine Reise zu mir zu begeben. Mich mal so stehen zu lassen, wie ich bin, mit allem, was mich ausmacht, mit meiner Geschichte, mit meinen Träumen, meinen Zielen, meinen schlechten - aber auch mit meinen guten Seiten.

Und vielleicht sehe ich dann, dass ich insgesamt doch gar nicht so verkehrt; eigentlich sogar richtig gut bin.

Vielleicht setze ich mich dann mal mit mir auseinander, versuche zu verstehen, warum bestimmte Dinge passieren und warum nicht.

Vielleicht gehe ich dann mal allein raus, setze mich und schaue dem Sonnenunter- oder -aufgang zu.

Vielleicht finde ich es dann sogar schön, gerade allein zu sein.

Vielleicht fühle ich mich dann wohl mit mir selbst.

Vielleicht mag ich mich dann plötzlich.

Vielleicht werde ich langsam klarer im Kopf.

Ganz sicher wird es kein kurzer und leichter Weg zu mir sein, denn ich bleibe mein schärfster Kritiker. Aber vielleicht kann ich mich irgendwann so annehmen, wie ich bin. Denn wollte ich anders sein, wäre ich das auch. Und ich kann mich ja immer in eine andere Richtung verändern. Nichts ist in Stein gemeißelt und muss für alle Zeit so bleiben, wie es ist.

Und vielleicht werde ich dann irgendwann der, der ich sein will.

Die Wahrheit ist, ich kann immer wieder Menschen in mein Herz lassen.

Frei bin ich dann, wenn ich das nicht mehr brauche, um zu leben, weil ich so sehr bei mir gelandet bin. Frei bin ich dann, wenn ich mich selbst liebe, so dass mein Gegenüber gar keine Lust hat, zu gehen.

MANCHMAL

Manchmal ist ein Treffen eine Begegnung
Manchmal bleibt außen alles gleich
und ist innen alles neu
Manchmal entsteht durch Entfernung Nähe
Manchmal sagt man Auf Wiedersehen und meint Hallo
Manchmal wird aus einem Lied die eigene Geschichte
Manchmal ist ein Zweifel die größte Hoffnung
Manchmal ist man auch allein zu zweit
Manchmal folgt dem Glück Schmerz
Manchmal spricht man durch andere zu sich
Manchmal ist davonlaufen Ausdruck
des bleiben Wollens
Manchmal gibt es im Zusammensein Vermissen
Manchmal sagt man nichts und spricht dabei Bücher
Manchmal lacht man, wenn man weinen möchte
Manchmal ist irgendwann die
genaueste Zeitbeschreibung
Manchmal hasst man, wen man liebt
Manchmal begegnet man sich selbst
Manchmal ist jemand Fremdes ein Vertrauter
Manchmal ist man nur zu Gast in sich
Manchmal bekommt man was man will,
aber nicht was man braucht
Manchmal will man sich verschließen und verliebt sich

Manchmal ist Distanz tiefe Verbundenheit
Manchmal träumt man vom wach sein
Manchmal will man stark sein und ist schwach
Manchmal ist ein Raum voller Leben plötzlich leer
Manchmal rufen schöne Momente tiefe Trauer hervor
Manchmal sind Dankbarkeit und Demut
das tiefste Verbeugen
Manchmal ist das Jetzt der höchste Flug
und der tiefste Fall
Manchmal sieht man Spuren der Vergangenheit im Hier

Manchmal, manchmal spürt man, dass man lebt

ODE AN EIN DORF

Es gibt einen so abgelegenen Ort, dass selbst der Punkt, an dem sich Fuchs und Hase gute Nacht sagen, zwei Dörfer davor zu finden ist.

Beim ersten Ankommen wurde ich von einem Sternenhimmel begrüßt, der so hell und unendlich war, dass sich das Funkeln der Sterne in meinen Augen widerspiegelte.

Und völlig fasziniert von dieser leisen Ruhe, die mich dort umgeben hat, kam ich wieder und wieder.

Irgendwann lud mich die Liebe ein, dort zu bleiben und da ich, wurzellos wie ich nach den ganzen Stürmen war, nach Ruhe und neuen Wurzeln sehnte, blieb ich.

Ich hatte mich eingerichtet in dem Ort, den nicht mehr als 150 Menschen ihr Zuhause nennen.

Und diese 150 Menschen haben es einem sehr leicht gemacht, diesen Ort „Zuhause" nennen zu können.

Gern würde ich euch fühlen lassen, wieviel Herz dort im Nirgendwo zu finden ist.

Wenn man von einer Dorfgemeinschaft spricht, habe ich dort vielleicht zum ersten Mal verstanden, was damit gemeint ist.

Die Dinge ergeben sich von ganz allein.

Ob ein Straßenfest, leicht und ungezwungen; mit offenem Herzen und gutem Essen, gedämpftem Licht und Musik, die von Lachen und schiefen Tönen begleitet wird; sich bis spät in die Nacht zieht und sich anfühlt, als wäre man von Familie umgeben.

Oder ein Rockkonzert, bei welchem passend zu handgemachter, laut und leise dahingesungener Musik, überall Röcke in dem wunderschön von Bäumen umgebenen Park, im Takt mitschwingen.

Wo das ganze Dorf dabei ist, jeder eine Aufgabe übernimmt und überall Freude in den Gesichtern zu finden ist, dass selbst Achim Menzel zu Lebzeiten nach seinem eigentlichen Auftritt nicht gehen, sondern bleiben wollte.

Da ist die Siedlung, wo alte und neue Familien neben- und miteinander wohnen, wo jedes Problem mit einem Nachfragen bei den Nachbarn behoben wird, ein Bier und ein gutes Gespräch danach normal sind; wo Nachbarschaftlichkeit eine natürliche Eigenschaft ist.

Die „Kuhstaller", die Unmögliches möglich gemacht und aus einem Kuhstall eine Kommune; einen Ort des Zusammenkommens, nach Hause Kommens, Klar Werdens, Eins Werdens geschaffen haben.

Wo am Lagerfeuer Lachen neue Höhen und Tiefgründigkeit neue Tiefen erreichen.

Und wo man sich findet, zum Singen, um andere und sich selbst zu erfreuen.

Die einen Kinoabend in lauer Sommernacht unter Bäumen mit so wunderbaren Filmen veranstalten, die überall ihre Spuren hinterlassen, vor allem im Herzen.

Da ist das eigentliche Dorf und der Gutshof, wo einer wohnt von dem es heißt, er sei 1,90 Meter Charisma (obgleich diese Messung wohl bei sehr schlechtem Licht oder falscher Schätzung entstanden sein muss) - letztlich aber er und seine Familie solch großartige Menschen sind. Wo man immer willkommen ist und sich wohl fühlt, wo man keinen Anlass braucht, um da zu sein, wo man sich als Freund unter Freunden fühlt.

Und erst die Feuerwehr, wo sich alle aus den verschiedenen Gruppen wiederfinden. Eine verschworene Gruppe, die es einem leicht macht, dazuzukommen und dabei zu bleiben.

Das Fühlen war der Grund, warum ich kam und es ist der Grund, warum ich diesen Ort, der zu meinem Zuhause wurde, wieder verlassen musste.

Genau an dem Punkt, wo ich merkte, dass da endlich wieder Wurzeln waren, die mich halten.

Jetzt bin ich nicht mehr oft dort, obgleich ich meine Wurzeln spüre, sobald ich da bin.

Das Leben bleibt, was es ist, auch an Orten, wo selbst Rehe ruhig durch die Straßen laufen, weil ihnen kein Unheil droht.

Nun bleibt mir nur, in Erinnerungen zu schwelgen, die nicht bunt ausgemalt werden müssen, da sie schon beim Geschehen selbst so bunt waren, dass alles Weitere nur einer Gedankenüberbelichtung gleichkäme.

Und wenn ich so in mich hinein spüre, merke ich, da ist in meinem Herzen ein seelenberührter Fleck.

Ich nenne ihn: „das Adendorfer Eck".

MUTMACHER 3
- DU BIST -

Wenn man sagt, Du seist unnütz, sage ich Dir:
"Du bist das Wertvollste überhaupt."
Wenn wer ruft, Du bist das Böse, sage ich Dir:
"Du bist die pure Liebe."
Wenn dir Ablehnung entgegenschlägt, sage ich Dir:
"Du bist das wahre Annehmen."
Wenn sich einer abwendet, sage ich Dir:
"Dich sehe ich an."
Wenn du haltlos bist, sage ich Dir:
"Dich fange ich auf."
Wenn Dich ein Nein trifft, sage ich Dir:
"Ja. Ja! JA!"
Wenn du einsam bist, sage ich Dir:
"Du bist es nie."
Wenn Du verurteilt wirst, sage ich Dir:
"Du bist die Freiheit."
Wenn Du ängstlich bist, sage ich Dir:
"Du bist der Mut."
Wenn Du kraftlos bist, sage ich Dir:
"Du bist die Kraft."
Wenn Du nichts mehr spürst, sage ich Dir:
"Du bist jedes meiner Gefühle."
Wenn Deine Sicht eingeschränkt ist, sage ich Dir:
"Du bist jede Perspektive."

Wenn Du nichts mehr glaubst, sage ich Dir:
"Du bist meine Religion."
Wenn du die Melodie nicht mehr hörst, sage ich Dir:
"Du bist der Klang."
Wenn Du den Ton nicht mehr hörst, sage ich Dir:
"Du bist die Musik."
Wenn Du vergisst, wer Du bist, sage ich Dir:
"Du bist das Lied."
Du bist alles, was ich brauche im Leben.

Du bist...
...wertvoll
...Liebe
...annehmen
...Halt
...Ja
...nie allein
...Freiheit
...Mut
...Kraft
...Gefühl
...Perspektive
...Religion
...Klang
...Musik
...das Lied

Stimme mit ein in das Lied, das Du bist.

Denn Du bist mein Lied.

Dein Herz

VON HIER AUS GESEHEN

Wenn ein Mensch zweifelt, verzweifelt, krampfhaft versucht, irgendwo rein- oder rauszukommen... Wenn ein Mensch versucht, klarer, wahrer, ehrlicher zu werden, vor allem sich selbst gegenüber... Wenn ein Mensch versucht, seine Schatten zu überwinden...

...dann wird ein jeder Mensch Leute treffen, die sofort mit ihrer absoluten Hilfe dastehen und sie dir als deine Wahrheit verkaufen wollen.

Wenn das bei dir der Fall ist, dann möchte ich dir folgendes berichten: Lass dir nicht erzählen, was du wann tun; lassen; machen solltest. Lass dir nicht erzählen, an welchem Punkt du schon sein solltest.

Keinen einzigen Punkt auf deinem Weg wirst du erreichen, weil du auf das hörst, was andere dir erzählen. Glaube mir, die allerwenigsten von denen, die dir real oder medial erklären, was du tun sollst, sind ihren Weg selbst gegangen.

Wenn sie durch sich selbst gegangen wären, wenn sie diesen beschwerlichen Weg auf sich genommen hätten, wenn sie ihr eigenes Ich aufgearbeitet hätten, dann würden sie dir nicht erzählen, WAS du tun oder lassen sollst.

Sie würden dir davon berichten, WIE sie den Weg gegangen sind.

Und dann wüssten sie auch, dass jeder sein eigenes Tempo hat, dass man niemanden in die "richtige" Spur schubsen kann, dass niemandem geholfen wird, wenn man ihn regelmäßig an vermeintliches Falschdenken erinnert.

Nein, keiner der den Weg gegangen ist, würde so etwas tun.

Jeder, der den Weg gegangen ist, würde dir mit höchstem Respekt begegnen; würde dir keine Ratschläge geben und dich sicher niemals irgendwo hindrängen. Jeder, der den Weg gegangen ist, würde dir eine Stütze sein; ein Rettungspunkt auf der rauen See deines umtriebigen Gedankenstrudels. Jeder, der den Weg gegangen ist, wird damit nicht prahlen und keiner von denen wird mit markigen Sprüchen aufwarten, um sie dir um die Ohren zu hauen.

Du bist ein Mensch und hast Ängste.

Vielleicht bist du dir dieser bewusst; vielleicht nicht.

Vielleicht weißt du sogar, woher diese kommen. Vielleicht lebst du mit diesen Ängsten sehr bewusst und möchtest sie überwinden.

Auch hier möchte ich dir sagen, dass es nur ein Tempo, nämlich DEIN Tempo gibt.

Auch hier werden markige Sprüche von außen nie etwas im Positiven hervorrufen, sondern nur die Selbstzweifel nähren, warum man nicht "normal" sein kann.

Höre bitte auch hier nicht auf die Selbsterkenntnisgurus. Sollten sie diese Ängste nicht haben, würden sie dir ihre Sprüche nicht drücken.

Und wenn man mal versucht zu verstehen, dass jeder, der diese Sprüche sagt, sie eigentlich zu sich selbst sagt, verstehst du vielleicht, was ich meine. Sie sind nicht weiter als du. Sie tun nur so.

Trotzdem kann es Menschen geben, die dich aus deiner Komfortzone herausholen können; die vielleicht brutal mit ihrer Ehrlichkeit dir gegenüber sind; sie dir dermaßen um die Ohren hauen, dass du am Ende des Tages nur noch ein Häufchen Elend bist.

Das tut dann erstmal sehr, sehr weh.

Und wenn es weh tut, schaffst du es vielleicht nach einer gewissen Zeit, zu erkennen, dass es nur schmerzt, weil eine Wunde damit getroffen wurde. Dass es dich nur treffen konnte, weil es da was gibt, was überhaupt getroffen werden konnte.

Nun kannst du den Kopf schütteln, diesen Menschen weit hinter dich lassen, weil du es nicht wahrhaben willst, dass da wirklich was ist. Oder du schaust hin und versuchst, es anzunehmen.

Es braucht viel Mut, in einem solchen Fall stehen zu bleiben und sich selbst zu hinterfragen. Selbstreflektion ist ein einfach gesprochenes Wort zu anderen.

Schwierig wird dieses Wort erst, wenn ich beginne, mein Verhalten, mein Tun, mein Lassen, aufrichtig und abseits jeglicher Trigger, Wut und Ablehnung, zu hinterfragen.

Und auch hier möchte ich dir wieder sagen, dass du den Weg nur gehen solltest, wenn du bereit bist. Nicht, weil es jemand erwartet, sondern weil du weiterkommen willst, du nicht mehr einem Denken, einem Verhalten folgen willst, weil du merkst, dass genau dieses Verhalten oder Denken dich in viele blöde Situationen gebracht hat und immer noch bringt.

Vielleicht helfen dir dann einige Sprüche, die es gibt. Vielleicht helfen sie dir an einem Punkt, wo du nicht mehr weiterkommst, in einer Gedankengasse feststeckst.

Am meisten wünsche ich dir dann aber einen Menschen an deiner Seite, der dich (unter)stützt, der dich achtet, dir Mut gibt und an den du dich anlehnen kannst, wenn das Gedankenchaos zu wild wird.

Ich wünsche dir einen Menschen,

der dich trägt, wenn das Wasser zu tief ist,

der dich fliegt, wenn die Brücke fehlt,

der dich stützt, wenn der Wind zu wild weht,

der dich erleuchtet, wenn du dunkel wirst.

Ich wünsche dir einen Menschen, für den dein

Unperfektsein der Grund ist, warum er bleibt.

EIN GETANZTES LEBEN

Komm mein Mädchen, nimm meine Hand.
Lass uns tanzen, an dem Ort,
wo das Wort der Liebe nie wankt.

Lass uns noch tanzen,
wenn der Mond der Sonne von unserer Nacht erzählt,
und lass uns noch tanzen,
wenn das Lebensdunkel unsere Schatten erhellt.

Lass uns tanzen,
wenn der Tag zu kurz,
die Aufgaben zu groß,
die Köpfe noch vollgepackt im Alltagstakt,
vor sich hin wanken und schwanken.

Lass uns tanzen,
wenn die Zweifel innerlich wühlen,
lass uns dann den Beat spüren,
der uns an-, vorantreibt,
wenn wir uns sanft berühren,
uns in flimmerndem Licht verführen.

Lass uns tanzen,
wenn unser Lieblingslied läuft,
bleiben wir kurz stehen,
schauen uns tief an,
so von Herz zu Herz,

und wenn wir im UNS glühen,
lass uns diese Leichtigkeit fühlen.

Und wenn wir lachen,
uns mit schmerzenden Zehen ansehen,
in uns gehen,
vor uns stehen,
dann sollst du wissen,
dieses hier, und dieses so,
ist der Ort, wo meine Seele wohnt.

Lass uns tanzen,
weil wir keine Worte mehr brauchen,
um uns zu beschreiben,
um uns zu zeigen,
wenn die Gesichter der alten Vorzeit,
mal auf uns weisen.

Und wenn die Wolken der Vergangenheit uns berüh-
ren,
wir sie als Jetzt erspüren,
wenn Zeiten sich vermischen,
uns aufmischen, umher wirbeln,
aus der Bahn werfen,
und Alles, was ist,
einem taumelnden Schmetterling gleicht,
der scheinbar nie den Mond erreicht,
dann lass uns tanzen.

Lass uns tanzen,
wenn wir voneinander getrennt,
Tage und Wochen anfangen und beenden,

wir uns zum anderen wünschen,
um reduziert auf die einzelnen Schritte des anderen,
einem kleinen, leisen Lied, Leben einzuhauchen.

Lass uns tanzen,
wenn wir wie Kinder auf der Wiese umhertollen,
uns hin und her rollen,
und wir das Gefühl haben,
eine Pusteblume kann uns tragen.

Und wenn wir dann tanzen und lachen,
schiefer als schief mitsingen,
neue Schritte probieren,
uns mit Pirouetten verwirren,
dann lass uns leben.

Lass uns leben.
Lass uns tanzen,
Lass uns leben,
lass uns tanzen.

Lass uns unser Leben tanzend leben.

Und lass uns später mal sagen,
wir hatten ein getanztes Leben.
Nicht immer im Lebenstakt,
aber immer in unserem Takt.

STRANDGESPRÄCHE
- HIER UND JETZT -

Es war wieder einer dieser wundervollen Tage, an denen der Großvater und sein Enkel gemeinsam an ihrer Lieblingsstelle an ihrem Lieblingssee saßen, der Natur lauschten und ihre Seelen entspannen ließen.

Im Allgemeinen wird gesagt, dass man an solchen Tagen Frieden mit sich und allem, was drum herum passiert, schließt.
Der Großvater lächelte seinen Enkel an und sagte: „Ich liebe diese Momente, wenn ich hier mit dir sitze und nichts tue, außer hier zu sein."

„Aber Opa," sagte der Junge und schaute ihn mit großen, fragenden Augen an, „wir sitzen doch nicht erst seit Momenten hier, sondern seit Stunden, wenn nicht sogar schon den ganzen Tag."

Der Großvater lachte schallend los und schlug sich dabei aufs Bein.
„Ja genau!" rief er und wischte sich dabei eine Träne aus dem Auge. „Seit Stunden und ich spreche von Momenten".

Verwirrt vom lauten Lachen des Großvaters fragte ihn sein Enkel: „Was ist daran so lustig?"

Der Großvater grinste den Jungen breit an: „Momente sind frei von Zeit, mein Kind. In ihnen existiert nur das Hier und Jetzt."

„Davon habe ich schon mal gehört." antwortete sein Enkel nachdenklich.

„Aber was bedeutet das? Es gibt doch immer eine Zeit. Hier, schau, meine Uhr sagt mir, welche Zeit ist." und zeigte seinem Großvater seine Uhr, die, wenn sie wohl richtig ging, bereits eine zu späte Zeit für einen Jungen in seinem Alter anzeigte.

Der Großvater schob den Pulloverärmel seines Enkels über die Uhr und sagte leise lächelnd: „Die Zeit ist eine Erfindung des Menschen und ist, wie Einstein schon sagte, relativ.

Es gibt Augenblicke im Leben, die rar gesät sind, in denen keine Zeit mehr zu existieren scheint, in der alles, was außen herum passiert, verschwimmt.

Das sind Momente, die das Herz berühren, wo es außer dem, was unmittelbar passiert, nichts gibt.

Manchmal bemerken wir es währenddessen, manchmal erst später. Mitunter ist es nur eine Sekunde und manchmal ein ganzer Tag.

Diese Momente brennen sich ein, sie bleiben uns für alle Zeiten erhalten und lassen uns glücklich zurückschauen."

„Und das bedeutet, im Hier und Jetzt zu leben?" fragte der Enkel.

„Jein." antwortete der Opa.

„Ja, denn es bedeutet, dass, was genau hier und jetzt passiert, aufzunehmen.

Und nein, denn es beinhaltet noch viel mehr.

Im Hier und Jetzt zu leben, meint, zu allem, was gerade passiert, ja zu sagen; es anzunehmen, ohne Wertung. Präsent sein, mit dem ganzen Bewusstsein wahrnehmen."

„Kann ich diese Momente erschaffen?"
Der Enkel sah seinen weisen Großvater fragend an.

„In gewisser Weise schon."
Der Großvater streckte sich ein wenig, sein linker Fuß war eingeschlafen und kribbelte jetzt.

„Es gibt Situationen, die ich sehr mag." sagte der alte Mann und sah seinen Enkel liebevoll an. „Zum Beispiel mag ich es sehr, am Abend am Lagerfeuer sitzen, meinen Blick in den Flammen zu verlieren, ihnen zuzuschauen, wie sie ihren Tanz vollführen und gleichzeitig tollen Gesprächen und handgemachter Musik zu lauschen oder nur dem Knistern des Holzes zu folgen. Viele dieser Situationen sind wie geschaffen dafür *Momente* zu werden und doch werden es nur wenige sein, die letztlich für immer in mir haften bleiben."

„Und warum sind es nur ein paar wenige dieser gleichen Situationen, die zu Momenten werden?" Der Junge wusste keine Antwort darauf, warum das Gleiche nicht dasselbe hervorrufen kann.

„Nun," der alte Mann holte tief Luft und legte seinen Arm behutsam auf die Schulter des Jungen, „es gibt Tage, da bin ich tief in meinen Sorgen gefangen, kann mich nicht von meinem Leben, das mich umgibt, lösen; bin gedanklich nicht wirklich dabei; etwas in mir lenkt mich ab. Oder es ist irgendwas im Äußeren, was ich vielleicht nicht einmal beschreiben kann. Oder es gibt irgendwelche negativen Schwingungen oder was weiß ich." sagte er und schlug dabei seine Hand in den Wind. Dann fragte er seinen Enkel: „Wir waren schon so oft hier, haben so viel hier gemacht oder nur gesessen. Kannst du dich an jedes Mal erinnern?"

Der Junge dachte eine Weile nach. „Nein, mir fallen ein paar Mal ein, aber manche gar nicht mehr."
„Und welche fallen dir sofort ein?"
Dieses Mal schaute der alte Mann den Jungen erwartungsvoll an, denn ihm fielen sofort einige Momente ein.

„Naja." Sagte der Junge und kratzte sich am Kopf. „Als du mir von der Liebe erzählt hast und dabei geweint hast, das fällt mir sofort ein."

„Welches Gefühl hast du, wenn du daran denkst?" fragte er den Jungen.

„Ich war berührt. Es war kein normales Gespräch… fast fühlt es sich so an, als ob wir gar nicht wirklich miteinander gesprochen haben, als ob die Worte nie gesagt wurden."

„Deshalb ist es ein *Moment* mein Junge. Nicht weil wir hier waren - das sind wir oft - sondern weil unsere Herzen hier frei sprechen durften. Ohne dass der Kopf dabei war.
An dem Abend gab es nur unser Gespräch, unsere Gefühle währenddessen, den See - wie toll er an dem Tag da lag. Es gab nur uns, in genau diesem *Moment*.
Nur Hier, nur Jetzt.

Es war nicht geplant und passierte einfach und bleibt uns beiden für immer als tief gefühlter Punkt auf der Zeitachse des Lebens erhalten.
Selbst in 20 Jahren werden wir uns noch so genau daran erinnern, dass man meinen könnte, es wäre erst gestern gewesen."

„Aber kann man denn nicht immer im Hier und Jetzt leben und alles zu einer schönen Erinnerung machen?" fragte der Junge, und dem Großvater schien es, als würde eine leise Enttäuschung bei der Frage mitschwingen.

„Ein ganzes Leben im Hier und Jetzt ist ein großer Wunsch und nicht wenige Menschen auf dieser Welt streben danach, ein solches Leben zu führen und doch werden letztlich fast alle dabei scheitern.

Ja, es ist möglich, sein Leben bewusst zu leben, seine Gedanken bewusst wahr zu nehmen, jede Handlung bewusst durchzuführen, stets aufs eigene Innere achtend, danach strebend, sich immer wieder Gutes zu tun. Und gleichzeitig gibt es noch ein Leben außerhalb des Gefühls. Du wirst deine Stromrechnungen niemals mit Gefühlen bezahlen können.
Es gibt neben der Gefühlswelt noch die rationale Welt, manche nennen sie *die Matrix*. In der muss man sich mit anderen Menschen, Problemen, Krankheiten, einem leckenden Abflussrohr oder einer verstopften Toilette auseinandersetzen.

Aber es ist ein schönes Vorhaben, sein Leben so gut es geht, bewusst zu leben und je bewusster ich mir meiner Selbst und meiner Umgebung bin, um so öfter werde ich in Situationen kommen, aus denen Momente werden, die ich im Hier und Jetzt verbringe.

Und manchmal genügt es, einfach tief zu atmen, dabei die Augen zu schließen und auf alles zu achten, was mich gerade umgibt; was ich höre, was ich rieche und wie ich mich fühle.

Denn der, der sich selbst fühlt und dem eigenen Herzschlag das Leben vorgeben lässt, existiert im Hier und Jetzt, ohne Zeit.

Nur der *ist*.

Von Herzschlag zu Herzschlag."

ZEILEN AN UNBEKANNT

Wenn ich so am See sitz
und der Wind mich umschließt.
Schweifender Blick, lang und weit über den See in die
Berge.
Schau nach rechts, wo die Sonne schon für woanders
scheint.
Und das orangene Farbenmeer sich mit dem aufgehen-
den Mond vereint.

Der Moment wird gleich vergehen, das Gefühl nehm'
ich mit.
Komm' nicht aus dem Tritt.
Und geh, Schritt für Schritt,
mit leuchtender Brust,
Meter für Meter auf dich zu.

Nachdem ich mich jahrelang in `ner viel zu kleinen
Welt, selbst verprellt, gesucht, gefunden, verloren hatt'.
Bis ich das wärmespendende Gefühl der Sonne in mir
gespürt, gesehen, geboren hab.
Genau dort, in meiner größten Freiheit, sind wir uns be-
gegnet.

Nach `nem weiteren Crash,
landen im Leben.
Mitten im wildesten Regen,
gabst du mir Schutz,

vor dem Schmutz,
der aufgewühlt um mich tanzte.

Du hast mich gefunden, an dem Ort,
wo Liebe wohnt und mein verlorenes Ich,
sorglos, mit lachendem Gesicht, entthront.

Damals vor über 20 Sommern,
gab es kein Entkommen.
Du hattest mein Herz erklommen,
in `nem Moment, als es
unerreichbar,
unangreifbar,
unstreifbar schien.

Bis irgendwann auf dem Mond,
der uns umkreist,
dein Bild auf meiner Flagge hing.

Schauen ins Feuer, wie es knistert, knackst, wärmt.
Verliere meinen Blick im flackernden Licht.
Reden über Gott und seine Welt.
Blicken uns tief in die Seelen.

Wortlos hin und her geworfene Gefühle,
wenn im Hintergrund Coldplay leise ihre Balladen für
uns spielen,
die von unserer Liebe erzählen.

Lachen, als wir die Stimmen imitieren,
die durchs Leben initiiert,
unsere Bahnen tangieren.

Salzige Haut,
vom Gefühlsausbruch der Augen,
schmerzende Zwerchfelle,
Leichtigkeit und Schweben.

Wenn ich nach all den Jahren so neben dir lieg,
muss mich nicht drehen, um dich zu sehen.

Wie du da liegst, dich an mich schmiegst
und ich dich immer noch am Klarsten seh,
wenn ich meine Augen schließ'.

Leise atmende Ruhe,
während das reflektierende Kerzenlicht,
klare Schatten malt,
von deinem Gesicht.

Wirst langsam wach.
Streckst dich, während du den Traum abstreifst.
Ein tiefer Atemzug.
Ein blinzelnder Blick.
Ein leises Lächeln, welches bis in meine Seele reicht.

Noch umarmt von der Trägheit der Nacht,
bleibst du noch drin, im Gefühl der morgendlichen
Schlafwacht.
Deine Augen schauen mich glücklich lachend an,
kommst eng an mich ran.

Ein knurriger Glücksseufzer,
ein erster neuer Kuss.

Hey, da bist du ja.

GEMEINSCHAFT
- URVERTRAUEN -

Ich mag blau, du magst gelb.

Ich mag es warm am Strand, du magst es kalt auf dem Berg.
Ich mag Fleisch und du magst Fisch. Jeder mag etwas anderes. Manches mögen wir beide, bei anderem könnte unser Abstand nicht größer sein. Trotzdem mag ich dich. Obwohl du nicht so bist wie ich oder genau, weil du das nicht bist. Und ich habe das auch noch nie hinterfragt.

Man sitzt zusammen in der Kneipe bei einem Bier und weiß, der da, der wählt die CDU, der daneben ist Mitglied der SPD und der, der gerade reinkommt und die beiden begrüßt, wählt Links. Die 3 sitzen zusammen, holen sich Knobelbecher und spielen ein paar Runden. Es wird gelacht, getrunken, geredet.

So wie das eben ist. Und keiner missachtet den Menschen gegenüber, weil er nicht ist, wie man selbst. Eine Selbstverständlichkeit im Leben. Eine Selbstverständlichkeit, die es nicht mehr gibt. Diese letzten Jahre bis heute hin, haben uns allen vieles genommen - Sicherheit, Vertrauen, Zuversicht. Und vieles zum Vorschein gebracht, was ich persönlich nicht für möglich gehalten hätte.

Da sind nicht nur die Brenngläser auf Familien und Beziehungen, die zigfach in die Brüche gehen. Da ist vor allem ein Bruch in der Gesellschaft. In der Gesellschaft im Großen und in Freundschaften im Kleinen.

Was ist nur passiert, dass ich meinem Gegenüber nicht mehr seine Meinung zugestehe?
Und was zum Henker ist passiert, dass ich mir darüber überhaupt Gedanken mache, warum jemand etwas anderes denkt, als ich?

Ich habe einen Freund, einen guten, sozusagen mein Bester. Den kenne ich seit 40 Jahren und wir sind bei einem Thema nicht ganz einer Meinung, hören uns aber respektvoll zu und wechseln dann das Thema, weil eine Meinung zu einem Thema nicht grundlegend für unsere Freundschaft ist und sie schon gar nicht aus macht. In den ganzen 40 Jahren haben wir nicht einmal miteinander gestritten. Und so soll es bleiben, weil er mir als Mensch wichtig ist und eine andere Meinung völlig normal.

Ja oder Nein? Dafür oder Dagegen? Richtig oder Falsch? Vertrauen oder Misstrauen? Es geht nur noch darum. Und es geht nicht mehr um den Menschen.

Bist du ein linientreuer, linksversiffter, nachplappernder Narr? Bist du ein bekloppter, rechtsaußen stehender, weltuntergangsglaubender Verschwörungstheoretiker?

Ja oder Nein? Das Eine oder das Andere. Auf meiner Seite oder auf deren Seite?

Wann um alles in der Welt hat das, dass es mich nicht stört, dass es andere Meinungen als meine gibt, aufgehört zu existieren und wann um alles in der Welt hat es angefangen, dass ich Menschen nach einer Meinung einordne, degradiere, verachte?

Wir sind doch eine Gemeinschaft! Wir kommen doch da nur gemeinsam durch! Wir bleiben doch die Gleichen! Wir sind doch immer noch Wir!

Ich verstehe, denn es geht mich nicht anders, dass durch die vielen Unsicherheiten viel Vertrauen, welches uns festen Stand gibt, verloren geht. Und wir alle sehnen uns nach dem festen Stand.

Wir alle haben Ängste. Ganz verschiedene Ängste. Und die sind auch völlig ok!

Nur darf durch diese bewussten oder unbewussten Ängste das große Ganze nicht aus dem Blick verschwinden. Wir gehören alle irgendwie zusammen und nur als Ganzes funktioniert das Alles.

Der Bruch in diese 2 Lager, dieser Bruch der durch Firmen, Clubs, Familien, Freundschaften, Beziehungen geht, der trennt alles, was wir sind.

Und das nur, weil Andere eine andere Meinung haben als ich? Höre ich zu, um zu antworten oder um zu verstehen?

Warum ist da so viel Abneigung, Hass, Unverständnis? Und wo soll das alles enden? Wo ist der Endpunkt und wer hat dann gewonnen?

Und was bedeutet dieses Gewonnen dann?

Stoppen wir doch mal auf diesem Trip. Vollbremsung. Worum geht es dir denn wirklich? Du bist doch immer noch du und gestern noch ein Freund, du bist nicht der Feind.

Es ist nur eine Meinung. Jeder hat so viele davon. Eine von vielen. Diese eine Meinung macht nicht dich und nicht mich aus.

Und diese vielen Meinungen, die wir alle haben - die viele Schnittpunkte haben und sich an anderen Stellen gar nicht berühren - sind wir.

Die Gemeinschaft, Gesellschaft, Menschen.

Ich bin genau wie du, ich denk nur manchmal anders und trotzdem oder deshalb mag ich dich.

MUTMACHER 4
- FLUCHTREFLEX -

Wenn du bleiben willst, bleib.
Wenn du gehen willst, geh.
Wenn du fliehen willst, ich bleib bei dir.

Wenn du lieben willst, liebe.
Wenn du hassen willst, hasse.
Wenn du fliehen willst, ich liebe dich.

Wenn du lachen willst, lache.
Wenn du weinen willst, weine.
Wenn du fliehen willst, ich lache für dich.

Wenn du reden willst, rede.
Wenn du schweigen willst, schweige.
Wenn du fliehen willst, ich rede mit dir.

Wenn du vertrauen willst, vertraue.
Wenn du misstrauen willst, misstraue.
Wenn du fliehen willst, ich vertraue dir.

Wenn du Mut hast, sei mutig.
Wenn du Angst hast, sei ängstlich.
Wenn du fliehen willst, ich bin mutig für dich.

Wenn du stark sein willst, sei stark.
Wenn du schwach sein willst, sei schwach.
Wenn du fliehen willst, ich bin stark mit dir.

Wenn du hinschauen willst, schau hin.
Wenn du wegschauen willst, schau weg.
Wenn du fliehen willst, ich schau hin zu dir.

Du darfst alles tun, was du tun möchtest.
Denn du bist gut, so wie du bist.
Nein...du bist sogar noch besser.

Sei standhaft, wenn der Sturm kommt, er geht vorüber.

Geh nicht den Weg des Sturms, so kommt er dir nur
hinterher.

Du darfst DU sein.

In jeder Lage, in jeder Situation, in jedem Augenblick.

Wenn du fliehst, fliehst du vor dir, aber wisse, du holst
dich irgendwann ein.

Sei es dir wert, du selbst zu sein.

Schau zu dir herauf, nicht auf dich herab.

Annehmen ist das Ja zu dem, was ist.

Flucht ist das Nein zu dem, was war.

Ich weiß, dass du es kannst.

Und du wirst es können, wenn du es willst.

Ich glaube an dich!

Deine Seele.

DAS ANDERE ICH

Ein Jahr.
Was ist schon ein Jahr…

Für manche ändert sich alles, bei anderen passiert nix,
wie im Jahr zuvor…und davor…und davor…

Persönliche Entwicklung, Träume leben, Wünsche wahr
werden lassen, beruflich weiterkommen, Selbstverwirk-
lichung.

Jedes Jahr die gleichen, modifizierten Ziele…
Danke Universum.

Zwischendrin die täglichen Kleinkriege. Flammende Re-
den… ernüchtertes Schweigen. Menschen kommen und
gehen in verlässlichen Abständen; öffnen, verschließen.

Verlieben… lieben… verlassen… loslassen…
Loslassen. Lass los!
Ja… kann ich. Danke… ja, hab geübt. Wollt ich gar nicht,
wollt ja bleiben. Muss loslassen… sorry. DARF… durfte
üben.

Üben dürfen. Ich darf… ich kann… weiterkommen. Vor-
wärts, aufwärts, nach vorn. Annehmen, ja sagen… ok,
mach ich. Geh nach vorn, aufwärts… immer weiter.
Stehen bleiben? Zurück gehen?

Nee, lass mal, ist nicht gut. ...persönliche Entwicklung, weißt ja...

Fuck!

Echt jetzt?!?

Gesellschaftliche Zwänge, Rahmen. ...da musst du durch, Junge! ...kannst ja trotzdem DU bleiben. Wo denn?
Soll doch weiter, vorwärts, aufwärts, annehmen, ja sagen.
Ist doch der gleiche Zwang, schön verpackt - nennen wir es ICH-Werdung.

Und wer bin ich jetzt? Nicht ich?

Was ist denn nun mit *Hier und Jetzt*? Nicht in der Zukunft leben, nicht dem Alten nachtrauern. Wozu dann nach vorn gehen - dürfen? Soll doch alles besser werden. Drang nach Höherem... Bewusstsein, Wahrheit, Klarheit. Sonst wärst du heut noch in der Höhle - Totschlagargument.

Und wenn? Wäre es so schlimm? Kleine Clans, im Wald. Jagen, was man braucht. Mit der Natur leben. Keine Atomwaffen, Weltkriege, Massenmorde.

Ah ja... stimmt... Medizin, längeres Leben... mehr Zeit zum vorwärts, aufwärts, weiter gehen, annehmen... ja sagen.

Hört sich ja schlimm an, was du sagst...geht's dir nicht gut?

Wie? Mir? Doch... mir geht's gut. Mag nur nicht mehr weiter, vorwärts, aufwärts gehen, Ja sagen. Mag mal hierbleiben. Jetzt sein, so wie es ist.

Darf ich auch was scheiße finden? Oder darf ich nur alles gut finden? Ah... Wertung... sorry. Werte nicht, nimm an! Es ist, wie es ist. Bedröppelter Blick. Entschuldigung.

Hab auch Ängste... Da war es wieder: "Angst". Kann's nicht mehr hören... Waren ein bissel viele Ängste, die da vor mir abgeladen wurden. Bin noch versorgt... Danke.

Alter... sag mal... bist du depressiv?

Nee, war ich schon... ist anders... nicht so gut. Bin nur müde. Vom weiter, vorwärts, aufwärts gehen, annehmen, Ja sagen. Ich bleib mal hier... geh ruhig, ich hab mich dabei. Bin versorgt. Wenn ich mag, komm ich nach... weiter, vorwärts, aufwärts.

Garry... was erzählst du? Wo bist du? Wo ist der, den ich kennengelernt hab?

Der Schöndenker, hoffnungsvolle Klarschreiber?

Was? Bin hier. Ist auch klar, nicht so schön... nicht so hoffnungsvoll... Gesenkter Blick. Sorry.

Geht's dir wirklich gut?

Ja, alles gut. Oder soll ich mich beschweren? Dass alles nicht so gut läuft; ich traurig, abgespannt, enttäuscht bin?

Und dann? Dann gibt's wieder Schulterklopfer, Aufmunterung... wird schon... sieh nach vorn, weiter, vorwärts, aufwärts, Ja sagen... du darfst das annehmen...

Echt? Darf ich das? Gibst DU mir dein OK? Ich darf? Oh, danke... Großzügigkeit. Darf ich auch *nicht*? Darf ich dich auch *nicht* fragen, ob ich das darf?

Weißt du was? Ich mach einfach. Mir egal, ob ich darf oder nicht... ob ich (d)ein OK bekomm, für das, was ich mach.

Und weißt du was?

Das bin ich.

Auch wenn ich *ich* sein darf, auch wenn ich werden darf, wer ich sein will, auch wenn ich irgendwas nicht darf... Mir egal. Denn...

Ich. Bin. Immer. Ich.

STELLUNG BEZIEHEN
- NEIN -

NEIN!

Ich rufe euch ein NEIN entgegen. Ich bin NICHT eurer Meinung.

NEIN zu euch Gurus, Weisen und Allwissenden. NEIN zu euren erklärten Unwahrheiten, gereimten Lebenshilfen, breit getretenen Phrasen.

Ich bin es leid. Ich stehe auf und geh. Ja, meine Zeit ist mir zu kostbar.

Viel zu kostbar, als dass ich sie mit vermeintlich unendlich klugen Sprüchen, die mir helfen; die mich weiterbringen; die mich reifen lassen sollen, zu verplempern.

Nein, ich stell mich euch nicht entgegen - ich dreh mich um und geh. Einfach so.

Warum?
Weil ich es kann! Weil ich es mir wert bin!

Ich habe nichts gegen euch. Mir gefällt nur nicht, wie ihr die Welt bekehren, belehren, entehren wollt.

Mir gefällt nur nicht, wie ihr das Menschliche, das Fehlbare, das Lernen, das Treiben, das Sehnen, das Träumen, das LEBEN, herabwürdigt.

Ja, ich bin vielleicht mal so wie ihr gewesen, in bestimmten Momenten. Vielleicht. Ja, vielleicht möchte ich das wegschieben.

Ich sehe eure geschriebenen Weiseworte. Ich sehe Buch an Buch, Bild an Bild, Text an Text.

Und der Eine versucht, den Anderen zu übertrumpfen, indem er erklärt, dass das Leben, Lieben, Halten, Loslassen ganz einfach ist; sein Programm das einzig Wahre ist - auch wenn es sich nur in Nuancen von Tausend anderen unterscheidet.

Schema A - Z liegen bereit. Ihr erklärt mir, welches Rezept, welcher Spruch, welches Mantra, ich nehmen solle.

Wenn ich dann doch nicht weiterkomme, mach ich was falsch.

Nein.
NEIN!
Ich mache nichts falsch.

Verdammt, ich bin ein Mensch!

Ja, ich brauche hier und da Zeit. Ja, ich kann selbst Hunderte schlaue Sprüche runter beten.

Nein, keiner wird so dauerhaft befreit von seinen Fesseln.

Denn was ihr vergesst, wenn ihr mir eure maßgeschneiderten Sprüche um die Ohren haut, ist, dass die Geschichten eines Menschen; seine fest verankerten Muster, seine Ängste und Fluchtpunkte, nie und nimmer durch oberflächlich wirkende Sprüche, vermeintliche Weisheiten oder gut gemeinte Ratschläge aufgearbeitet werden.

Denn was ihr vergesst, ist, dass jeder nur durch sein Durchleben der eigenen Geschichte; dass jeder nur durch sein Aufarbeiten und tiefem Verstehen wachsen kann.

Und das auch nur dann, wenn er bereit ist - und nicht, wenn ihr denkt, dass er es sein sollte.

Klatscht euch eure Sprüche selbst ins Gesicht, besudelt euch selbst, mit eurem gedachten Wissen.

Lauft weiter weg vor euch. Aber bitte, verschont mich.

Ja, ihr dürft sagen, dass alles ganz einfach ist, dass wir gelenkt sind, dass Wesen alles schon geplant haben.

Ja, ihr dürft eure Verantwortung für euer Leben abgeben, jemanden oder etwas die Schuld geben, weil ihr einen Schuldigen braucht.

Ja, ihr dürft auch mir Schuld geben.

Ja, ihr dürft euch aufregen, dass das an mir abperlt. Ja, ihr dürft mich weiter diskreditieren.

Ich gehe meinen Weg, erzähle von meinem Weg, von dem, was ICH erlebt und gelebt habe, nehme MICH ernst.

Nicht, um Anerkennung von außen zu bekommen, nicht, um Schulterklopfer um mich zu versammeln, nicht, um als einer von euch wahr genommen zu werden.

Nur, um mich zu verstehen.

Nicht mehr, nicht weniger.

Alles, was ich dazu brauche, ist in mir.

Und wenn ich wirklich Hilfe brauche, weil ich nicht zum Kern einer Sache komme, weiß ich selbst am besten, wo ich diese bekomme.

Aber auch dann brauche ich euch nicht.

Erst recht nicht dann!

Dann brauche ich nur mich, mein Herz, meine Seele, mein eigenes Fühlen und hinein spüren.

Aber niemals Menschen, die die Weisheit allein für sich beanspruchen und verschweigen, dass sie selbst keine Ahnung haben!

WER ICH BIN
- WAHRHEIT -

Momentan fällt es mir etwas schwer, das Wort "Wahrheit" zu sagen, da es auffällig oft und inflationär benutzt wird.

Alle suchen oder kennen die Wahrheit zu allen Themen. Jeder ist im Bilde, vorrangig über das, was gar nicht ihn betrifft.

Die "eine Wahrheit" hat sie alle getroffen, wie der Blitz den Hund beim Sch... schnüffeln.

Das "Wahrheit" immer auch eine Perspektive ist, die ich aus meiner Geschichte heraus forme, wird dabei vergessen.

Die Sonne leuchtet hell. Klingt wahr. Erzähl das mal einem Blinden. Ok, die Sonne wärmt dich auf. Gut, fragen wir einen Inuit, ob dem auch ordentlich warm ist. Die Wiese ist so herrlich bunt und riecht so toll, sag ich meinem Gegenüber, der leider farbenblind ist und nur den Geruch des Kuhdungs wahrnimmt.

Worauf will ich hinaus?

Auf mich. Auf meine Sicht auf mich, die, wie ich denke, die präziseste aller Perspektiven ist - ohne den Anspruch auf Wahrheit zu haben.

Ich möchte nicht plakativ erscheinen, dennoch habe ICH sicher die klarste Sicht auf mich. Auf das, was ich tue und was nicht.

Nur ICH weiß, was ich denke und fühle. Nur ICH weiß, wie ich meinem Weg folge, immer wieder abdrifte; mich verschließe, davonlaufe, Extrarunden drehe. Nur ICH weiß von meinen Wünschen und Ängsten, meinen Zweifeln und Hoffnungen.

Und ich bin nicht immer zufrieden mit mir.

Ich mag jetzt keine philosophischen Sprüche, Zitate oder Lebensweisheiten hören. Ich kenne sie alle zur Genüge. Ich möchte mich ehrlich mit mir auseinandersetzen. Und da bin ich nicht immer stolz auf mich. Ganz im Gegenteil.

Denn manchmal bin ich schwach. Nicht körperlich, sondern geistig. Dann setze ich eine Maske auf, philosophiere wild durch die Welt, lenke mich ab. Mache alles Mögliche, nur um das Eine - das Nötige - nicht tun zu müssen: an meiner Schwäche zu arbeiten.

Nein, ich bin dann kein Opfer oder Täter. Und ich möchte mich da auch in keine Schublade stecken.

Das bin dann ich.

Ganz klar, ich.

Und ich laufe weg, vor mir, vor der Verantwortung, vor den Folgen. Ich habe es ziemlich perfektioniert, mein

Davonlaufen; ich kann Dinge komplett ausblenden, wieder und wieder.

Bis sie mich mit geballter Kraft in die Realität zurückholen.

Dann bin ich sauer. Auf mich.

Muss mich darauf hin durch ein schweres Tal, dass ich selbst geschaffen habe, schleppen. Und nehme mir vor, dass ich es in Zukunft anders, besser mache.

Manchmal gelingt mir das, manchmal nicht.

Ich habe ein Bild von mir. Kein Wunsch, sondern ein Ziel.
Und dieses Ziel zu erreichen, ist alles andere als einfach.

Da ich auf dem Weg zum Ziel noch keine Erfahrungen habe, sammle ich welche. Manchmal so viele, dass es, wäre es Sand, für einen Privatstrand im Wohnzimmer reichen würde.

Manchmal bin ich stark. Nicht körperlich, sondern geistig. Dann schaffe ich die tollsten Dinge und bin dann mitunter sehr stolz auf mich. Wenn ich merke, dass ich Grenzen überwunden habe, nicht in ein altes Muster zurückgekehrt bin oder etwas Neues geschaffen habe, dann gibt mir das ordentlich Rückenwind.

Manchmal bin ich stark und manchmal schwach.

Ich tue auch heute noch Dinge, auf die ich nicht stolz bin, für die ich mich hier und da schäme, wo hin und wieder auch Menschen involviert sind, die dann manchmal leiden.

Es gibt Tage, da kann ich mir alle Liebe der Welt selbst geben und an anderen Tagen brauche ich Aufmunterung von jemanden im Außen.

Es gibt Menschen, die sehen in mir die treueste Seele der Welt und für andere bin ich der größte Hallodri.

Wer kann mir also sagen, was die Wahrheit über mich ist?

Wer stellt sich hin und urteilt über mich und warum?

Doch nur der, der seine perspektivische Wahrheit "erkennt" und sie als "die Wahrheit" deklariert.

"Die Wahrheit" ist, dass nicht mal ICH genau weiß, wer und wie ich bin.

Ich kann mich in den hellsten Farben und im dunkelsten Licht zeigen und zeichnen und beides hätte seine Richtigkeit, wäre aber trotzdem nicht wahr.

Und jetzt sagst du, dass es wahrscheinlich etwas von beidem wäre - aber wäre das dann wahrer?

Deshalb frage ich Menschen schon lang nicht mehr, wer sie sind oder was in ihrem Leben geschehen ist.

Wenn sie möchten, dürfen sie es gern erzählen, ja, aber es ist nicht wichtig für mich.

Wichtiger ist für mich, jemandem beim Träumen zuzuhören. Wenn mir ein Mensch von seinen Zielen und Wünschen berichtet, wenn jemand erzählt, wer er sein möchte, wenn jemand eine vage Ahnung seines Weges hat und sich mir offenbart, ist das die ehrlichste Aussage, die ich bekommen kann.

Und diese sagt weit mehr aus, als alles, was jemand einst gewesen ist.

Was ich von mir weiß, ist, dass ich ein Mensch bin. Mit allem, was einen Menschen ausmacht.

Wer mich verurteilt, verurteilt meine Menschlichkeit.

Wer mich annimmt, nimmt meine Menschlichkeit an.

Wer ich bin?

Ich bin, was Du denkst, wer ich bin - und genau das Gegenteil davon.

Ich mag mich nicht größer darstellen als ich bin, denn ich bin in vielem nur durchschnittlich; in manchem vielleicht ganz gut; bei anderen Dingen ziemlich schlecht.

Das alles zusammengenommen, bin dann ich.

Oftmals träume ich davon, besser zu sein, als ich bin.

Ich wünschte dann, ich wäre anders, könnte mit meinem Leben, den darin stattfindenden Situationen, meinen ganz eigenen Aufgaben verbindlicher, kompromissloser, ehrlicher, entschiedener umgehen. Und mit dem Aufkommen genau dieser Träume und Gedanken, kommt das Gefühl der Unzulänglichkeit zum Tragen.

Und das breitet sich dann aus. Das Gefühl, anders sein zu wollen, aber es nicht zu können. Es geht dann nicht darum, es niemals zu können, sondern um den beschränkten Horizont in mir, der "jetzt" mit "für immer" verwechselt.

Wenn sich dieses Unzulänglichkeitsgefühl dann schön ausgebreitet hat, ich ihm Nahrung bis zum Abwinken; ihm Untermauerungen, die ein festes Fundament bilden, gegeben habe, kann es mitunter passieren, dass ich krank werde.

Ich könnte es auch anders machen, meine eigene Lebensgeschichte, meine Lebenserfahrungen, meine antrainierten Denkmuster immer wieder als Grund vorziehen, warum ich handele, wie ich eben handele - und mich dabei und dadurch immer schlechter fühlen.

Das Ergebnis wäre auf Dauer das Gleiche.

Es gab einen Moment in meinem Leben, da war dieses Gefühl der Unzulänglichkeit so sehr in mir gewachsen, dass es mich gelähmt hat. In jeglicher Hinsicht.

Es gab kein positives Gefühl mehr in mir, alles war einer Schwere gewichen und diese Schwere wuchs beständig weiter. Bis es so schwer war, dass es mich in die Tiefe zog.

Wahrscheinlich gibt es ebenso viele Gründe wie Menschen, die das hervorrufen, worüber ich schreiben möchte: Depressionen.

Ich kann und will gar nicht medizinisch darlegen, was eine Depression ist und was im Körper passiert, dass der Umstand dann so ist, wie er eben ist.

Ich kann lediglich sagen, wie es sich anfühlt und wie ich aus verschiedenen Löchern wieder herauskomme.

Wenn die Depression eine Farbe wäre, wäre sie zweifelsohne Schwarz.

Eine Farbe ohne Licht, die mich eng umschließt, mir Raum, Freiheit, Lachen, Leichtigkeit, Kraft nimmt.

In einer depressiven Phase bin ich unfähig, irgendetwas zu tun, ich bin dann froh, dass ich es schaffe, zu atmen und selbst das ist dann mitunter schon zu viel.

Gedanken sind dann nur noch Strudel, die selbst das Positivste im Leben hinab ziehen, bis sie im dunklen Gedankenbrei verschwinden.

War das schon immer so?

Nein.

Es sind verschiedene Dinge in meinem Leben passiert, die einzeln genommen, keine große Schlagkraft, im Verbund jedoch eine verheerende Wirkung hatten.

Scheitert man im Leben, in der Liebe, im Job; ist man finanziell angeschlagen oder am Boden; wird man selbst krank oder ein Nahestehender; ist der Tod ein Begleiter oder was auch immer.

Vieles habe ich im Leben gemeistert, manches mit Blessuren, anderes mit tiefen Narben überstanden. Stark war ich, die wichtigen Dinge anpackend, ein Leben lebend, von dem man gesellschaftlich sagt, dass es ein "normales" Leben ist.

Und aus dem ich irgendwann ausgebrochen bin, ausbrechen musste.

Dann habe ich meinen Geist geöffnet, da musste es noch was geben, was ich werden kann, wohin meine Reise des Lebens gehen musste.

Und ohne zu wissen wohin, bin ich geradewegs in mein Verderben gelaufen.

Denn auf diesem Weg bin ich mir begegnet. Dem, der ich wirklich bin, wenn ich die Maske der Angepasstheit ablege.

Ich habe, ohne es zu wollen, meine Geschichte angesehen und im Spiegel erkannt, was da wirklich ist.

Und das war zu viel.

Ich stand vor einem Berg, der so viel größer war als ich und plötzlich kam das lähmende Gefühl, diesen Berg nicht zu schaffen und die Dinge begannen, mir aus den Händen zu gleiten. Langsam, dann immer unaufhaltbarer, bis mein Leben wie ich es gelebt hatte, nur noch eine Fata Morgana aus vergangenen Zeiten war.

Dann sieht man sich als gescheitert an und von außen wird das Gleiche suggeriert.

Manch einer kommt dann mit lustigen Sprüchen um die Ecke, als ob man eine kleine Schürfwunde hat und ein Pflaster reicht, um die Wunde zu bedecken, damit sie von allein wieder heilt.

Aber es gibt kein Pflaster, welches auf der Seele wirkt - außer der Liebe.

Diese Liebe bringt Linderung, aber keine Heilung. Da muss dann ein Profi ran.

Also habe ich mich in psychologische Behandlung begeben.

Manchen hilft ein mehrwöchiger Klinikaufenthalt, anderen eine mehrjährige Begleitung, manche brauchen Medikamente, andere nicht.

Es gibt hier keinen Patentweg, wie ich alles richtig mache.

Jeder, der sich in Hilfe begibt, tut sich selbst etwas sehr Gutes damit und fängt an, sein Leben wieder in den Griff zu bekommen.

Die Depression ist wie eine Abhängigkeit, man ist nie ganz geheilt, die meiste Zeit ist man ein "trockener Depressiver", der hin und wieder in ein Loch fällt und im Laufe der Zeit, durch viele Gespräche und Selbsterkenntnis lernt, damit umzugehen.

Und so habe ich es auch geschafft.

Es gab unzählige Gespräche mit Menschen, Psychologen, Freunden, Fremden.

Viele Situationen gespiegelt zu sehen, hat mir geholfen, Klarheit zu erreichen.

Trotzdem bin ich nicht davor gefeit, wieder hinab zu rauschen. Und es passiert eben hier und da; mal kürzer, mal länger; dass es mir wirklich schlecht geht. Nur weiß ich heute, dass auch wieder andere Zeiten kommen und dieses "Jetzt" nicht "für immer" ist.

Nun möchte ich Dich ansprechen.

Vielleicht erkennst Du Dich in meinen Worten wieder, vielleicht ist Deine Geschichte auch eine ganz andere. Vielleicht erkennst Du das gleiche Schwarz, vielleicht ist Dir das alles völlig fremd.

Die Dinge werden nicht von allein wieder gut. Wie gesagt, es gibt keine Pflaster für die Seele und wenn Du willst, dass sich etwas ändert, wirst Du nicht umhinkommen, es anzupacken - aber erst dann, wenn Du bereit dazu bist.

Setz Dich nicht unter Druck, dass Du es nicht hinbekommst, andere ihr Leben doch viel besser im Griff haben, Du nicht gut genug bist.

Es ist ein subjektives Wahrnehmen Deiner Umwelt, dem Du den Stempel "wahr" aufdrückst.

Jeder noch so kleine Punkt, den Du erreichst, weil Du etwas für Dich tust, ist ein Schritt. Und jeder dieser Schritte ist wichtig.

Vielleicht brauchst Du Jahre, um merklich weiterzukommen, vielleicht Jahrzehnte.

Ist nicht weiter dramatisch.

Was ist besser - sich langsam vom Unheil wegbewegen oder dort verharren?

Ich bin stolz auf Dich und das darfst Du auch sein. Denn Dein Wunsch nach einem "normalen" Leben ist immer noch da und dieses "normal" ist vielleicht ganz anders, als es vor ein paar Jahren war, aber Du hast Dich verändert, siehst hin, traust dich manchmal oder auch öfter, Schritte, wacklige kleine oder feste große Schritte, zu gehen.

Ohne zu wissen, ob Du das Ziel erreichst; ohne zu wissen, was dort ist, wo Du Dich nicht auskennst, gehst Du in Deinem Tempo voran, einzig motiviert von Deinen Wünschen und Träumen.

Und was um alles in der Welt kann inspirierender und ehrlicher sein als ein Mensch, der seinen Wünschen und Träumen folgt?

Mach weiter!

Gib nicht auf!

Danke!

STRANDGESPRÄCHE
- DER ALTE MANN UND DIE LIEBE 2 -

„Opa, wie war das damals, als du Oma kennengelernt hast?"

Der alte Mann hatte gerade etwas ungelenk versucht, irgendetwas erkennbares aus einem Stück Holz zu schnitzen, auch wenn er noch nicht wusste, was es mal werden würde.

Sie saßen vor seinem Haus auf ihrer Lieblingsbank und auf die Frage des Jungen hin erinnerte er sich sofort, als wäre es gestern gewesen.

„Lass uns an den See gehen und ich werde dir davon erzählen."

Auch wenn der Junge nun etwas älter war, er andere Interessen hatte, die der alte Mann manchmal kaum verstand; das Verhältnis der beiden war auch weiterhin so tief vertraut, wie man es selten erlebt hat.

„Na dann, auf geht's!" sagte der Junge und sprang mit einem Ruck auf, sodass die Bank ins Wanken kam. Sie winkten der Oma zu, die instinktiv wusste, die beiden hatten wieder was zu bereden. Liebevoll schaute sie ihnen hinterher und auch heute noch, nach so vielen

Jahren, fing ihr Herz an zu klopfen, wenn sie ihren Mann sah.

Der Weg zum See war beiden unendlich vertraut. So oft sind sie ihn gegangen; waren in Gespräche vertieft, haben geschwiegen und oft gelacht.

Sie gingen durch ein kühles Waldstück, an dessen Ende sich der Blick auf den See und die dahinter liegenden Berge eröffnete. Ein Anblick, der beiden jedes Mal den Atem nahm.

Der See war aufgewühlt heute, Wellen schlugen an, es war etwas windig und als sie den weichen Sandstrand entlangliefen, hin zu ihrer Lieblingsstelle, sammelten sich viele wunderbare Bilder im Kopf des alten Mannes.

Sie setzen sich in den Sand und genossen für ein paar Augenblicke den Ausblick.

„Kannst du dich noch daran erinnern, was ich dir mal über die Liebe erzählt habe?"

Der Junge sah seinen Opa an. Nie würde er vergessen können, was der alte Mann ihm an jenem Tag erzählt hatte. So sehr waren die Worte in ihm aufgegangen und verankert.

„Ja, das könnte ich nie vergessen. Du hast von einer Begegnung und deinem Kampf mit den Gedanken gesprochen und dem Krieg, der in dir tobte. Und von Trauer und der Dankbarkeit."

„Ganz genau." Der Senior war stolz auf den Jungen und er legte seinen Arm um ihn.

„Das Leben geht oft wundersame Wege, die erst im Nachhinein als das erkennbar werden, was sie sind." sagte er und richtete seinen Rücken auf, da dieser merklich schmerzte.

„Manchmal sieht man sich an einer Weggabelung, an dem eine Entscheidung getroffen werden muss, vor der man Angst hat. Und hier kann es um alle Ängste der Welt gehen, oder nur um die denkbaren Kleinsten.

In meinem Leben bin ich oft gescheitert, habe mich immer wieder aufgerappelt, weiter gemacht, war oft unglücklich mit meinen Lebenssituationen. Dann habe ich mit mir gehadert, mich treiben, mitreißen, ablenken lassen.

Oft habe ich versucht, die Dinge, die mir passieren, einzuordnen. Ich habe versucht zu erkennen, was sie mir sagen wollten; den Sinn in vielem gesucht und doch oft nur Unsinn, Wirrwarr und Chaos gefunden. Und an einem Tag vor vielen Jahren hörte ich einen Satz, der mein Leben veränderte:

‚Du kannst nicht dein Leben lang darauf warten, dass endlich alles gut ist, bis du dich entscheidest, glücklich zu sein.'

Dieser Satz setzte etwas in mir in Bewegung und ich fing endlich an, alte Gedankenmitbringsel aus meinem Kopf zu werfen. Das Leben war nicht so schlecht, wie ich es sehen wollte, es war so viel Gutes darin."

Der Junge wurde etwas ungeduldig. Er hatte dem alten Mann vor einer Stunde eine Frage gestellt und noch immer keine Antwort bekommen. Er hatte gerade sehr mit sich selbst zu kämpfen, weil da ein Mädchen war, dass er sehr mochte, sich aber nicht traute, es anzusprechen, obgleich er sich die Situation schon tausendmal ausgemalt hatte. Er konnte immer und überall witzig sein, nur wenn er ihr gegenüberstand, kam nur noch Wirres aus seinem Mund und sie musste ihn für einen totalen Blödmann halten.

„Wenn man so viele Erfahrungen gemacht hat wie ich, wird man sehr vorsichtig mein Junge und man verliert den Glauben an das große Ganze.

Und manchmal reicht das leiseste Wort der Welt, um einen Funken zu erzeugen, der Magie entfacht."

Der Junge hörte gespannt zu. Sein Opa lächelte, die vielen Falten in seinem Gesicht schienen ein wenig zu verschwinden, etwas Jugendliches leuchtete hindurch.

„Deine Oma war ein wenig schneller als ich. Sie hatte mich mit einem Blick als der erkannt, der ich bin, lange bevor ich sie erkannte. Ein Umstand, den sie noch heute anbringt, wenn ich wieder etwas länger brauche, um eins und eins zusammen zu zählen.

Wie gesagt, es waren ein paar Sachen passiert, mit denen ich zu kämpfen hatte und dieser eine Satz hatte mich aus meiner Lethargie befreit. Bis dahin schien es, als würden die Bäume im Frühjahr ihre Blätter verlieren, nun begannen diese, im Herbst blühen.

Ich ging auf sie zu, sprach sie an und alles war sofort anders.

Die Liebe zeigt sich oft auf wundersame Weise. Meist in den kleinsten Worten, der kleinsten Geste, im winzigsten Lächeln.

Nun hatte ich meine Erfahrungen gesammelt, wusste was Ängste in mir anrichten, welch lähmende Wirkung sie auf das Gesamte haben können. Und ich habe gelernt. Ich war der Apfel am Baum, der seine volle Größe erreicht hat. Nicht sauer, unreif, ungenießbar; nein es schien, ich war soweit, eine Reise anzutreten, die mir keine Angst mehr machte. Und das mit einer Gewissheit, die alle Zweifel, die aufkommen könnten, zu Funken werden ließen, die mich umgaben.

Manchmal betritt man einen Raum und bevor man diesen Raum betritt, hat man den Kopf voller Fragen. Doch sobald man sich im Raum befindet, gibt es nur noch Antworten. An diesem Punkt hat dann das Herz die Oberhand und auch der Kopf kommt nicht umhin, sich einzugestehen, dass sich alles richtig anfühlt.

Die Gespräche mit deiner Oma waren so tief, lustig und intensiv. Sie war mir vertraut, mir zugewandt, wirklich interessiert. Auf einer Burg, an einem Punkt, wo man einen weiten See überblicken konnte, habe ich sie geküsst. Ich habe sie geküsst und Wahrhaftigkeit gespürt.

Man kann sich zigmal den Kopf darüber zerbrechen, wie etwas sein wird, ob etwas klappt; man den Mut hat. Und wenn du nach deinem Herzen gehst, wirst du immer den richtigen Weg finden.

So war es bei uns.

Der Kuss hatte das Unausgesprochene beschrieben und ein Bild von der Zukunft gemalt. Und dieses Bild war bei uns beiden gleich. Wir haben uns ge- und beschützt. Das, was wir waren und das, was wir sind, im Herzen getragen. Wir waren uns, auch wenn wir getrennt waren, nah.

Die Antwort, die ich in dem Raum fand, ist unsere Beziehung. Ein unbedingt schützenswerter, tief vertrauter, endlos schöner Raum.

Und jeder, der uns sah, wusste: Das hier, das ist es, worum es geht.

Wenn man sich auf Augenhöhe begegnet, in einer Zeit, wo um einem herum alles stürmt und in diesem Augenblick alle Stürme zu tragenden Winden werden, weißt du, dass du angekommen bist und alles Folgende nun Kapitel sind, die gemeinsam geschrieben werden."

Der Junge hatte gespannt zugehört. Er wusste, dass seine Großeltern ein sehr enges und vertrautes Verhältnis zueinander hatten und er selbst wünschte sich das Gleiche zu diesem Mädchen. Deshalb fragte er seinen Opa:

„Wie gehe ich denn auf ein Mädchen zu? Was sage ich ihr, damit sie nicht denkt, ich bin ein Depp?"

Der Opa wusste natürlich, dass der Junge heimlich verliebt war, er war für ihn ein offenes Buch. Es war offensichtlich, dass seine Gedanken um einen anderen Menschen kreisten und er freute sich für den Jungen.

„Es sind die kleinen Worte mein Junge. Es sind immer die kleinen Dinge, die wir später als den Anfang von etwas Großem sehen.

Ich kann dir nicht sagen, was du ihr sagen sollst, es müssen deine Gedanken und Gefühle sein, die sich in deinen Worten widerspiegeln.

Wenn sie dich erkennt, als der, der du bist, reicht wahrscheinlich sogar ein kleines, leises ‚Hi.'.

Und wenn du einen Apfel mit ihr teilen möchtest, der die richtige Reife hat, dann gib ihr die Hälfte. Der Rest kommt von allein.

Wenn sie dich mag, nimmt sie den Apfel, wenn sie dich nicht mag, hast du dich getraut; bist deinem Herzen gefolgt und hast deine Ängste überwunden.

Du kannst nicht verlieren. Die Liebe verliert nie.

Glücklich zu sein ist eine bewusste Entscheidung. Und so wirst auch du stolz und glücklich sein, einen kleinen, wackeligen Schritt gewagt zu haben, ohne zu wissen, wohin er dich trägt. Denn eines bleibt wahr: Alle Liebe findet ihren Anfang und ihr Ende in dir."

MUTMACHER 5
- BRIEF AN EINEN FREUND -

Mein lieber Freund,

ich schreibe Dir, weil ich Dich eine lange Zeit beobachtet, ich Dich begleitet, Dir zugehört und zu Dir gesprochen habe.

Ich schreibe Dir, weil es vielleicht an der Zeit ist, diese Zeilen zu schreiben und sie Dir zukommen zu lassen.

Ich weiß, Du machst Dir nichts aus Jahresübergängen, weil am nächsten Tag alles in Deinem Leben ist, wie am Tag zuvor.
Natürlich weißt Du, dass eine Veränderung, eine eigene Einstellung im und zum Leben, sich nicht Aufgrund des Datums ändern.

Und wenn ich Dich jetzt fragen würde, was Du heute Abend machst, würdest Du mir wahrscheinlich ein Gedicht aufsagen, eine Geschichte aus Deinem Leben zum Besten geben, würdest Du alles tun, um Dich von mir fernzuhalten. Weil Du gerade heute nicht möchtest, dass jemand zu tief in Dich hineinschaut.

Du wirst wahrscheinlich Einladungen ausschlagen, Deine Gründe, die wahrscheinlich nur Du wahrhaftig fühlst, werden Dich darin bestätigen.

Mein Freund, ich könnte nicht zu Dir sprechen, wärest Du mir nicht so vertraut; ich deine Intentionen, Geschichten, Erfahrungen; dein Leben nicht kennen würde.

Zum Anfang ein plakativer Spruch: Es geht weiter.

Du wirst jetzt wahrscheinlich eine abwertende Handbewegung machen, Du bist kein Freund solcher Sprüche.

Und doch möchte ich Dir mitteilen, warum ich damit beginne:

Du bist nun soundso viele Jahre alt, hast verdammt viel in deinem Leben erlebt. Manche meinen, es würde für mehrere Leben reichen. Du schaffst das in einer Zeit, in der du vielleicht nicht einmal die Hälfte Deines Lebens erreicht hast.

Siehst Du eigentlich, was Du da schon alles hinter Dich gebracht hast? Welche Aufgaben Du mit Bestnote gemeistert hast? Welche Brücken Du schon geschlagen, wie sehr Du schon vergeben hast?

Ich kenne Deine Geschichte und kann nur sagen: „Chapeau - Hut ab!"

Und trotzdem denkst Du, diesen Berg schaffst Du nicht. Dabei, und ich spreche hier mit dem nötigen Abstand zu Dir, weiß ich, dass diese Berge weit kleiner sind als andere zuvor.

Jetzt wirst Du vielleicht sagen, dass das eine Wertung ist, dass diese Wertung aus meinem erLEBEN kommt; dass diese Wertung die momentane Kraft in Dir nicht berücksichtigt.

Nun, deshalb mein plakativer Spruch.

Natürlich wirst Du diesen Berg erst dann besteigen, wenn Du bereit bist. Du lässt Dich nicht von außen anstiften, wenn Du im Inneren nicht den unbedingten Willen dazu hast.

Aber weißt Du, ich glaube an Dich.

Das tue ich, seit ich Dich kenne.

Vielleicht, weil ich Dein Potential sehe. Deine Talente lebst Du teilweise schon offen aus.

Du siehst oft nicht, wie sehr Du Dich weiterentwickelt hast, wie sehr sich Deine Einstellung zum Leben gewandelt hat, wie sehr Dein Tun andere inspiriert und Kraft gibt.

Und ich wünschte mir, dass Du Deine Großartigkeit erkennst, dass Du Dich auch nur einen Augenblick so sehen könntest, wie ich Dich sehe.

Könntest Du Dich auch nur für den kleinsten Augenblick mit meinen Augen sehen, Du würdest für den Rest der Zeit nie mehr zweifeln und mit Dir hadern.

Aber das bist Du.

Du wärst nicht, wer Du bist, wenn Du nicht tun würdest, was Du tust.

Ich möchte Dich nur erinnern.

Erinnern daran, dass es weiter geht.

Das es schon immer weiter ging.

Du bist der schönste, wunderbarste, emphatischste, großartigste Mensch, den ich je getroffen habe.

Und ich weiß, dass meine Meinungen Dich vielleicht nicht erreichen; dass Du sie vorüberziehen lässt.

Deshalb schreibe ich sie Dir.

Ich schreibe sie Dir so, dass sie für alle Zeiten erhalten bleiben und sie Dich an dem Tag erhellen, an dem sich der Boden einen Spalt zu weit zu öffnen scheint.

Dieser Spalt zieht vorüber.

Gern darfst Du diesen Brief als Brücke nutzen, damit würdest Du ihm mehr Ehre zuteil kommen lassen, als ich jemals zu träumen wagte.

Ich glaube nicht, ich **weiß**, dass gerade DU alle Berge dieser Welt ersteigen kannst. Und vielleicht ist es der Zweifel in Dir, der Dir erst diese Kraft verleiht.

So wie Du das Leben liebst, so liebt es auch Dich.

Du wurdest nicht mit solchen Talenten ausgestattet, um sie nicht zu leben.

Und jetzt möchte ich den Kreis schließen.

Ja, irgendetwas endet ständig. Jede Sekunde trägt ein Ende und einen Anfang in sich, nicht nur ein Jahr, auch wenn gerade dieses Ende gefeiert wird.

Denn wir feiern dieses Ende, weil wir auf etwas Neues, etwas Leichteres, etwas Schöneres hoffen.

Wir feiern dieses Ende, dem jeder Anfang innewohnt.

Drum warte ich geduldig auf diese Sekunde, in der Du weiter gehst.

Denn eines bleibt sicher: Es geht weiter.

Und niemand wird so wunderbar, so inspirierend, so einzigartig seinen Weg gehen, wie Du es tun wirst.

Dein Freund

AN MEINEN SOHN

Mein Kind,

am Tag deiner Geburt; in dem Moment, als du das Licht der Welt erblicktest, als sich zum ersten Mal deine Lunge mit Luft füllte und du deine Ankunft lautstark der Welt mitgeteilt hast, habe ich dir, mir und dem Leben ein Versprechen gegeben. Nicht aus dem hinreißenden, alles entfachenden Moment, sondern aus der Seele heraus.

Ein Versprechen, welches mit der Tinte der Liebe geschrieben und mit meiner Freiheit unterzeichnet wurde.

Ich bin für Dich da.

Ein Satz, so oft in Geschichten geschrieben, erzählt, versprochen. Ein Satz, der nur überprüft werden kann, wenn das Versprechen selbst nicht eingelöst wird. Ein Satz, der nicht aufhört zu Sein. Ein Satz, an den ich mich freiwillig binde.

Ich kann dir nicht versprechen, dass ich jeden Abend an deinem Bett sitze. Ich kann dir nicht versprechen, dass ich jede deiner Tränen trockne.

Ich kann dir nicht versprechen, dass ich jeden Moment anwesend bin. Ich kann es nicht, weil es nicht wahr wäre.

Ich trage dich stets in meinem Herzen. Und zu jeder Zeit liebe ich dich. Ohne dein Tun zu werten, ohne deine

Worte zu werten, ohne dich als Mensch und Persönlichkeit zu werten.

Ich liebe dich als diesen Menschen, dem ich mein Versprechen gegeben habe; egal, in welche Richtung du dich im Leben entwickelst.

Ja, ich werde versuchen, dir deine Wurzeln zu geben und ja, ich werde versuchen, dir das Fliegen beizubringen. Und nein, ich kann nicht versprechen, dass es mir gelingen wird, so sehr ich es mir auch wünsche.

Ich kann nur versuchen, unsere Zeit, die wir miteinander verbringen, für dich da zu sein; dir meine Welt offen zu legen; dir meine Geschichten von Glück, Liebe und Freiheit zu erzählen. Ich kann nur versuchen, dir meine Liebe nahe zu bringen, ohne dich festzuhalten.

Mein Sohn, auch wenn ich dich jetzt nicht mehr jeden Tag sehe, ich denke immer an dich. Jede meiner Entscheidungen beinhaltet einen "Lennoxfaktor".

Ich sehe das Glück in deinen Augen, wenn du die wichtigsten Menschen in deinem Leben um dich hast. Und ich sehe deinen Schmerz und deine Trauer, wenn du dich von einem dieser Menschen verabschieden musst.

Das Leben lässt sich leider nicht planen, vorhersehen, lenken.
Das Leben ist wie ein Fluss, der im stetigen Wandel ist. Aber so, wie die einzelnen Flussarme in einen noch größeren Fluss münden, um dann ins Meer zu fließen, so fließen meine Gedanken und meine Liebe in dich über.

Mein Sohn, egal, wohin dein Leben dich verschlägt; egal, welche Herausforderungen du im Leben zu meistern hast; egal, welche Fragen dich quälen...

Ich bin für Dich da.

Als dein Vater, Vertrauter, Freund.

Das ist mein Versprechen an dich, an mich und an das Leben.

Für Lennox

Weißt du, irgendwann ist für uns alle der Moment gekommen.

Dieser eine, unverrückbare, seit Beginn festgeschriebene Moment.

Wo alles, was je passieren konnte, schon passiert ist. Ich frage mich, wie ich dann zurückblicken werde. Bereue ich? Bin ich traurig? Werde ich dann jemanden vermissen; Dinge ungeschehen machen, noch etwas sagen wollen?

— —

Der alte Mann war mittlerweile wirklich alt geworden. Sein Enkel war in der Blüte seines eigenen Lebens und nicht mehr so oft bei seinem Großvater. Daher genoss der Opa diese Zeit besonders.

Er hatte seinem Enkel eine Zeit lang zugehört wie er von seinem Leben berichtete, seine Beziehungen auseinanderpflückte, seine Muster erkannte, nach Antworten suchte. Gern hörte er ihm zu. Erkannte sich selbst in vielen der Sätze wieder. Und viele Lebensfragen, das hatte der alte Mann inzwischen begriffen, ließen sich vortrefflich beantworten, wenn man sie der Endgültigkeit des menschlichen Seins gegenüberstellte. Auch wenn es oft leichte Gespräche, die von viel Lachen begleitet waren, zwischen den beiden gab, so würde das Gespräch heute eine besondere Tiefe erreichen.

Sie gingen an ihren Lieblingssee, an ihren Lieblingsstrand, an ihren Lieblings- Herzensort.

„Wie erkenne ich mich selbst, wenn ich manchmal gar nicht weiß, wie und wer ich bin? Ich erlebe mich so oft in Situationen, in denen ich auf die eine Art reagieren möchte und dann doch wie ferngesteuert ganz anders reagiere." Der junge Mann setzte sich an einen kleinen Steinkreis, schichtete etwas Reisig auf und entzündete ein kleines Feuer, denn es war heute merklich kalt. Während er vorsichtig die junge Flamme schürte, blickte er gedankenversunken ins Feuer.

„Manchmal fühle ich mich wie ein Tagträumer, der die besten Absichten; die größten Ziele hat und am Ende des Tages muss ich feststellen, dass das alles nur knapp über der Oberfläche stattfindet. Wolke 7 ist das Ziel und am Ende reicht es nicht Mal für die erste. Ich haste meinem Leben hinterher; will noch so viel erleben und habe doch das Gefühl, nie irgendwie angekommen zu sein. Was mache ich falsch?" Während er ein großes Holzscheit ins Feuer legte, setzte er sich neben seinen Großvater. Der war froh, dass der Junge auch heute noch diese Verbindung zu ihm hatte und sich mit seinen innersten Fragen an den alten Mann wandte.

„Wer bist du denn? Als was oder wie würdest du dich denn beschreiben? Und warum ist es für dich wichtig, auf diese Fragen eine Antwort zu kennen?" Er versuchte, dem Jungen die Fragen sanft zu stellen, da sie einen Menschen schnell aus der Bahn werfen konnten.

„Weil zu wissen, wer ich bin, mir klar macht, wo ich stehe und vielleicht auch, wer ich einmal sein möchte. Ist das nicht etwas, das du mir beigebracht hast?" `Diese Frage nach dem, wer man ist, wird so oft gestellt und ist so zielführend wie die Frage nach dem, was zuerst da war: das Huhn oder das Ei.` dachte der alte Mann während er seine Hände, die er gegen das Feuer hielt, wärmte.

„Was würdest du dazu sagen, wenn ich dich als ein Wunder bezeichne?" Ungläubige Augen sahen den alten Mann an. „Du meinst das Wunder der Geburt, des menschlichen Verstandes oder weil ich ein so wundervoller Enkel bin?" Der Junge grinste verschmitzt. Der alte Mann hakte nach: „Was ist ein Wunder für dich?"

„Ein Zauber vielleicht. Etwas unvorstellbares. Vielleicht auch nur ein Märchen, denn echte Wunder gibt es doch nicht."

„Ich hatte mal einen wunden Punkt. Der ist jetzt mein Wunder, Punkt." Der Junge verstand den Spruch nicht. „Glaubst du, dass deine Oma für mich ein Mensch wie jeder andere ist? Ich habe dir von meinem Leben, meiner Suche, meinen Ängsten und Erfahrungen erzählt. Und ich war mehr als nur einmal dem Gedanken nahe, dass es niemanden gibt, mit dem meine Tagträume mal wahr werden, mein Junge. Ein Wunder ist in letzter Konsequenz etwas, dass ich bis eben noch nicht für möglich gehalten habe. Und wenn dir das Leben passiert; wenn Menschen passieren; du Räume betrittst, die es Sekunden zuvor nicht gab; wenn du Magie in dir spürst; wenn du zum ersten Mal frei atmest, so als wärst du am höchsten und tiefsten Punkt gleichzeitig; dann weißt du, dass es Wunder wahrhaftig gibt."

Der junge Mann hörte gespannt zu. Er fühlte, wie sehr er die Gespräche mit seinem Opa vermisst hatte. So oft waren sie ihm ein Wegweiser gewesen; ein Rettungsanker und haben ihm immer wieder Frieden gegeben. Und doch war er, trotz des Wissens, in Gedanken gefangen; bereute Dinge und malte sich eine bessere Zukunft aus.

„Wenn du dich fragst, wer oder was ich bin, denkst du vielleicht, ich bin dein Opa. Aber wer bin ich für dich, wenn ich mal nicht mehr bin? Bin ich dann noch immer dein Opa, nur noch Fiktion oder gibt es mich dann in deinen Gedanken nicht mehr, so wie es meine menschliche Hülle nicht mehr gibt?"

Die Frage des Großvaters erschrak den Jungen. Das war ein Gedanke, den er immer verdrängt hatte. Die Endlichkeit seines Opas ist ein „Worst-Case-Szenario" für ihn. „Du wärst auch weiterhin mein Opa. Der, der du jetzt für mich bist."

„Und wer wäre dafür verantwortlich, dass du mich dann immer noch so sehen würdest?" fragte der alte Mann nach.

„Niemand. Ich möchte dich ja so sehen. Aber ich mag den Gedanken daran nicht. Warum müssen wir uns darüber unterhalten und was hat das damit zu tun, dass ich immer wieder mit mir hadere?"

„Alles hat damit zu tun." Der alte Mann tauchte mit seinem Blick tief in die Flammen ein. „Wir sind permanent damit beschäftigt, unsere Gedanken zu kreieren. Niemand implantiert uns diese, das machen wir ganz allein. Entweder sind wir in der Vergangenheit und hadern mit dieser, hängen ihr nach, würden sie gern ändern. Oder wir träumen uns in die Zukunft und malen uns dort alle möglichen Bilder aus. Wenn wir streiten, dann streiten wir über etwas, dass meist schon passiert, also nicht mehr veränderbar, ist. Und doch geben wir dort alle Energie hinein.

Wenn wir Angst haben, dann nicht vor dem, was wirklich ist, sondern vor dem, was passieren könnte. Was wir aber viel zu selten sind, ist, mal gänzlich präsent im Jetzt zu sein.

Wenn wir nur im Jetzt sind, gibt es keinen Mangel. Bitte verstehe das. Es gibt keinen Mangel im Jetzt. Nur unsere Gedanken erschaffen diesen. Und wenn du nun mit dir haderst, weil du dich in bestimmten Situationen gern anders verhalten hättest, oder Angst hast, was dieses Verhalten für die Zukunft bedeuten könnte, dann ist das nichts Reales, sondern nur ein Konstrukt deiner Gedanken. Der stärkste Mensch ist der, der die Dinge annimmt, wie sie sind. Der akzeptiert, dass manches im Leben passiert, weil das Leben passiert. Ob es ihm nun gerade in den Kram passt oder nicht. Du sprichst davon, ein Tagträumer zu sein, als wäre es ein Makel. Dabei unterschätzt du die Kraft, die dem innewohnt. Der eine Mensch hat eine klare Vision von dem, wie sein Leben sein soll; richtet sein Leben danach aus und erreicht seine Ziele. Andere leben in den Tag hinein und geben jedem in ihrem Umfeld Schuld für das Nichterreichen von halbgaren Zielen. Wieder andere träumen sich ihre Ziele; stellen sich geradezu bildlich vor, wie ihr Leben sein soll. Wenn diese Träumer ihre Träume ernst nehmen und sich dabei den Weg zu ihren Zielen haarklein ausmalen und gedanklich immer und immer wieder kreieren, dann wohnt darin die Kraft des Seins - das Erschaffen von ganzen Welten, die wirklich real werden können."

Der junge Mann dachte lange nach. Ehrlicherweise hatte er seine Gedanken bisher nie hinterfragt. Und er spürte, dass in den Worten seines Großvaters viel Wahrheit wohnte. „Kann ich denn mein Denken einfach so ändern?" Er wusste sich keine wirkliche Antwort darauf.

„Unsere Gedanken folgen bestimmten Mustern, die wir uns antrainiert haben. Sie sind nicht einfach so da. Wir haben viel dafür getan, so zu denken, wie wir denken. Und wenn du jetzt anders denken möchtest, weiß dein Gehirn gar nicht wie. Die Antwort ist einfach. Die Umsetzung schwieriger. Was es braucht, sind Aktion und Zeit. Wenn du einen Gedanken wahrnimmst, beobachte ihn und frage dich, wie real er ist und ob du ihn anders denken könntest. Wenn du dann eine andere Möglichkeit findest, versuche dieser zu folgen. Und wenn du das immer und immer wieder tust, ändert sich dein Denken in der Gesamtheit."

Der Junge kratzte sich am Hinterkopf. Ihm war das Ganze viel zu einfach, als dass es wahr sein könnte. Dennoch wusste er, dass sein Opa nie einfach so etwas sagte. „Aber die Realität ist doch, wie sie ist. Und sie mir jetzt schöner zu denken, als sie in Wirklichkeit ist, wäre doch, als würde ich Puderzucker auf einen Haufen Dung geben, damit der schöner ist."

Der Opa lachte. „Ja, das wäre dann ein schöner Haufen Scheiße." Er drehte sich zu seinem Enkel. „Weißt du, was die Hauptaufgabe unseres Gehirns ist?" Der Junge schüttelte den Kopf. „Zu löschen. Wenn wir jedes Geräusch, jeden Geruch, jeden Gegenstand, jedes Lebewesen, jede Bewegung – alles, was um uns ist, zu 100% bewusst wahrnehmen würden, wären wir binnen Sekunden völlig überfordert. Darum löscht das Gehirn die Dinge, die es für unwichtig hält und lässt das vermeintlich Wichtige übrig. Und daraus basteln wir uns dann unsere Realität - geformt aus unseren Erfahrungen, Ängsten, Wünschen und Mustern. Und weil wir die Realität so individuell „interpretieren", nehmen verschiedene Menschen dieselbe Situation anders wahr und ziehen andere Schlüsse daraus. Wenn du das verstehst, verstehst du auch, dass wir in der Lage sind, unsere Wahrnehmung und Interpretation einer Situation ändern zu können und somit jede Realität selbst erschaffen können. Und wenn einem Menschen das klar wird, gibt es keinen Grund mehr, an schweren Gedanken festzuhalten.

Wenn du jetzt dich betrachtest, mit den Themen, an denen du gerade festhängst, dann kannst du sie einerseits als Niederlagen auf deinem Weg sehen oder als Lern-punkte auf deiner Lebensachse. Wer hat dir gesagt, dass du in deinem Alter Weisheit erlangt haben musst? Niemand. Niemand, außer du selbst. Gib dir selbst die Zeit zu wachsen. Den Raum für Fehler. Für die tiefe Weite deines menschlichen Seins. Bitte verurteile dich nicht, denn du bist ein Wunder. Und du kannst jeden Tag neue Wunder erschaffen. In deinen Träumen und in der Realität. Und nun frage ich dich, wie wäre dein Leben dann?"

Der Junge fühlte sich energetisiert. „Wenn ich meine Realität aus meinen Träumen erschaffen und mich nicht mehr für mein Verhalten, Muster oder Denken verurteilen würde, wäre ich frei."

Glücklich schauten sich die beiden an. Die Wahrheit ist manchmal so unendlich einfach und gleichzeitig so unendlich schwer und doch bleibt sie als das stehen, was sie ist. Als Wahrheit.

„Und wie würde dein Leben sein, wenn du all deine Träume verwirklichst? Wer und was würdest du sein, wenn du all deine Träume verwirklichst, weil du weißt, dass du der Gestalter deiner eigenen Gedanken bist?"

Für den Jungen gab es nur eine Antwort. Und diese loderte in ihm. „Das wäre ein echtes Wunder, denn dann wäre ich der größte Abenteurer, der mutigste und freieste Mensch. Und mein Leben wäre **die Summe aller Träume**."

EINE FAST WEIHNACHTS-
GESCHICHTE IN 4 AKTEN

Ich möchte euch eine Geschichte erzählen.

Eine Geschichte von Angst und Mut, vom Weglaufen und Stehenbleiben, von Nebel und Klarheit.

Vor allem aber eine Geschichte von der Liebe.

Manchmal träume ich von einem Märchen und wache dann in der Realität wieder auf. Wünsche mir... hoffe auf... denke an... träume von...

Das Leben ist eine ständige Wiederholung von alten Gedanken und alten Mustern in sich verändernden Zeiten.

Was gestern noch meine Wahrheit war, kann heute nicht mehr gehalten werden und trotzdem hänge ich an alten Glaubenssätzen. Nur, um mich der Realität nicht stellen zu müssen.

Das klappt mitunter auch ganz gut; bis die richtigen Argumente, der richtige Zeitpunkt oder der richtige Mensch meine Grundfeste erschüttert und mein Glaubenshaus aus den Fugen gerät. Dann weiß ich oft nicht mehr, was wirklich ist und komme „nur" mit Fühlen weiter.

Musik an.

Kennst du dieses Gefühl, von einem Lied in eine andere Welt getragen zu werden?

An diesem Punkt startet meine folgende Geschichte…

Am Lagerfeuer wurde es langsam leise. Die Stimmen weniger, das Feuer kleiner, die Nacht kälter.

Ich leere mein Bier und will aufstehen, um in die Nacht zu entschwinden, als mich eine Frage in der Bewegung stoppt.

„Wovon träumst du?"

Nun war ich den Gesprächen am Abend nicht sonderlich gefolgt; wollte nur nicht allein zuhause sitzen; und stelle nun erstaunt fest, dass diese Frage tatsächlich an mich gerichtet ist.

Ein paar erwartungsvolle Augen sehen mich an und ich setze mich wieder, während im Hintergrund `Promise´ von Ben Howard läuft.

`Wovon träume ich?` denke ich und blicke in die immer noch wärmenden Flammen.

„Naja," sage ich und kratze mich am Hinterkopf, „Träume habe ich viele. Manche sind groß, andere klein. Manche sind eigentlich nur Wünsche von deren Erfüllung ich träume."

„Und was für Träume sind das?" Die fragenden Augen schauen mich intensiv an und ich versuche, da meine

Gedanken eben noch ganz woanders waren, mich zu sammeln.

Ich setze mich gerade hin, nehme ein neues Bier. „Wie oft definiert man seine Träume? Wie oft sind große Träume eigentlich nur kleine Wünsche? Ich träume nicht von großem Reichtum, einer großen Villa, einem teuren Auto. Statussymbole sind mir nicht wichtig. Wie wir alle habe auch ich meine Geschichte, die mich gezeichnet hat, die mich begleitet, mich beschreibt und wahrscheinlich auch meine Zukunft malt. Und vielleicht wäre es ein Traum, mich einmal von dieser Geschichte zu befreien, um wirklich neu an die Dinge zu gehen; völlig unbelastet von der Vergangenheit, weil es die nicht gibt. Und wenn ich ehrlich bin, träume ich von dieser einen Beziehung zu einem Menschen, wie sie immer in den Märchen beschrieben wird: Eine Beziehung, in der es wirkliche Werte gibt; echte Loyalität, Willenskraft, Durchhaltevermögen und das alles, weil sie von einer so großen Liebe begleitet wird, die jeden Menschen über sich selbst hinauswachsen lässt. Aber in der Realität habe ich diesen Spielraum nicht, mein Ich engt mich ein und ich bewege mich auf den immer gleichen Pfaden."

Die fragenden Augen setzen sich neben mich, ohne den Blick von mir zu wenden. „Was hindert dich denn daran, so zu sein, wie du sein willst? Klar, deine Geschichte kannst du nicht ändern, aber doch jeden Tag neu schreiben. Du kannst doch jeden Tag ein anderer Mensch werden.

Der Mensch, der du sein willst, ist in dir."

Ich bin getroffen und aufgewühlt, dieses ganze Gerede von Selbstverwirklichung, Selbstoptimierung, Selbsterkenntnis habe ich schon so oft gehört und bin trotz allen Wissens nie wirklich weit über meinen Tellerrand hinausgekommen.

„Wir leben nun einmal nicht in einem Märchen und ich bin kein Prinz. Ich habe keinen goldenen Umhang, eine Pferdehaarallergie und nicht mal einen Garten, um ein winziges Schloss zu bauen."

Ich stehe abrupt auf, verabschiede mich und laufe in die Nacht.

Die folgenden Tage sind verwirrend und viele Fragen kommen auf. Warum hat mich diese kleine Aussage so getroffen? Warum bin ich so schnell geflüchtet? Wie hätte ich anders reagieren können? Warum bin ich nicht bei diesen Augen geblieben?

Diese Augen… Wer war diese Frau? Warum hat sie mich das gefragt? Fand sie mich interessant, vielleicht sogar attraktiv oder wollte sie mich einfach nur ins Gespräch einbinden?

Ich schreibe einem, der an dem Abend auch da war und frage ihn, wer diese Frau mit den bernsteinbraunen Augen war.

Aber außer einem geschriebenen Achselzucken bekomme ich keine Antwort, die mich weiterbringt.

Manchmal sehe ich diese Augen vor mir und höre diese warme Stimme. Dann wache ich wieder auf und bin im Hier.

Magie gibt es.

Sie ist kein Zauberstück, dass vor Publikum mit viel Show von Beifall begleitet wird.

Magie passiert, wenn ich mit offenem Herzen den Blick auf das Leben richte.

Es schneit und kalt ist es geworden. Das letzte Laub ist schon lange von den Bäumen gefallen, eine meist graue Tristesse begleitet meinen Tag, die nur von der spät endenden und früh beginnenden Dunkelheit unterbrochen wird.

An die Augen denke ich seltener und wenn, dann fühle ich eine Unruhe in mir, die sich weit in meinem Körper ausbreitet.

Ich gehe zur Arbeit, gehe was trinken, mit Freunden essen, ins Kino. Lache, lenke mich ab, denke nicht nach.

Lebe in meiner Mittelmäßigkeit so dahin, wie schon so oft und lang in meinem Leben. Abends träume ich mich wieder weg. Dahin, wo ich der bin, der ich gern sein würde. Mit allem, was dazu gehört (und ohne Pferdehaarallergie).

„Die größte Kraft eines Träumers ist seine Fähigkeit, zu träumen."

Ich schrecke auf, sehe neben mir lachende, bernsteinbraune Augen und werde augenblicklich nervös.

„Hi." stammele ich und versuche, mich zu fangen, um nicht zu durcheinander zu wirken.

Gerade wollte ich ein paar Besorgungen machen, denn die besinnliche Zeit beginnt und mit einem Schlag bin ich wach.

Noch nicht wirklich ruhiger geworden antworte ich: „In den geträumten Welten ist man manchmal sogar ein König und treibt seine eigenen Windmühlen an."

Ich höre ein kleines Lachen und sehe hier, mitten auf der Straße, im wilden Gewusel der bald Schenkenwollenden, den wohl schönsten Menschen, der mir jemals begegnet ist. Die Zeit steht still und ich spüre, wie ich in diesen Menschen versinke.

„Klar, in der Traumwelt kannst du alles sein und wer bist du hier?"

„Ach ja, tut mir leid." Ich stammele weiter „Ich bin Max und wie heißt du?"

„Hallo Max, ich bin Esine und schön, dass du nicht gleich wieder wegrennst, wenn ich dich anspreche."

Ich kann es mir nicht verkneifen und frage sie, ob beim Namen das `G` vergessen wurde.

Wieder höre ich ein kleines Lachen und sie antwortet: „Nein, wir im Osten hatten ja nichts, nicht mal ausreichend Buchstaben für Namen."

Das Eis ist gebrochen, ich werde ruhiger und schaue diesen Menschen mit den bernsteinbraunen Augen genauer an.

Lange dunkle Haare, ein Gesicht mit weichen Zügen, ein verschmitztes Lächeln und kleine Lachfältchen. Danach folgt eigentlich nur noch Schal, der scheinbar erst kurz vor den Schuhen endet. Es erscheint mir immer wieder paradox, wie man sich im Winter so dick einwickeln kann, dass man ohne Weiteres zu einer Nordpolmission aufbrechen könnte.

`Ich kann sie jetzt nicht wieder gehenlassen.` denke ich, nehme meinen Mut zusammen und frage sie, ob sie ein wenig Zeit hat.

Sie schaut auf die Uhr, blickt mich grinsend an und sagt: „Aber nur, wenn du mir sagst, wohin du läufst, wenn du wieder abhaust."

Ich lache verlegen und wünschte mir, dass ich die Zeit zurückdrehen und da am Feuer bleiben könnte.

Wir setzen uns in einem kleinen Café ans Fenster und ich wundere mich, dass ich dieses Café noch nie gesehen habe. Es ist wunderschön eingerichtet. Warme Farben, schön dekoriert und alle scheinen zu lächeln.

Zauberhaft.

Wir bestellen uns einen Kaffee, den sie mit viel Milch trinkt. Sie legt ihren ellenlangen Schal ab und wird minütlich schöner.

Eine Zeitlang reden wir über die Caféeinrichtung, dem Wetter draußen und dem stattfindenden Gewusel.

Irgendwann frage ich sie: „Warum hast du mich nach meinen Träumen gefragt?"

„Wir haben uns von unseren Träumen erzählt und du hast so gedankenverloren dagesessen. So als ob dich das gar nicht oder zu sehr angeht. Außerdem wollte ich deine Stimme hören."

Ich bin verwirrt. „Warum meine Stimme?"

„Die Augen zeigen dir die Seele eines Menschen. Die Stimme macht das Herz eines Menschen hörbar."

Ich bin fasziniert von dieser Aussage und Gedanken strömen in mir los.

Dann sagt sie: „Ich muss jetzt leider los. Ich freue mich, dass wir uns begegnet sind Herr Max Träumer."

Sie lacht, zieht sich an, legt ein bisschen Geld auf den Tisch und ist drauf und dran, zu gehen. Völlig perplex, weil unvorbereitet, schaffe ich es nur noch sie zu fragen, ob wir uns wieder sehen können.

Sie legt, halb im vorbei gehen, ihre warme Hand auf meine Schulter, sieht mir in die Augen und sagt: „Im Traum sind all unsere Wünsche wahr und wenn wir es wirklich wollen, werden sie es auch in der Wirklichkeit. Denn unsere Realität erschaffen wir selbst."

Dann ist sie weg.

Ich bleibe verwirrt zurück, versuche zu verstehen, was gerade passiert ist und verlasse das Café, das ein wenig von seinem Glanz verloren hat und eigentlich doch so aussieht, wie viele andere Cafés.

Draußen ist es wirklich kalt und ich wünschte, ich hätte einen Schal dabei.

Auf dem Weg zurück denke ich an Esines Worte: `Wenn wir es wirklich wollen, werden unsere Träume wahr.`

Und ich weiß nur eines: Ich möchte diese Frau wieder sehen.

Es ist schier unmöglich, jemanden im Internet, den sozialen Medien oder nur im Telefonbuch zu finden, von dem man lediglich den Vornamen kennt, bei dem scheinbar ein Buchstabe fehlt.

Meine Gedanken schwirren seit Tagen nur noch um Esine und ihre Augen.

Man sagt Bernstein eine heilende und schützende Wirkung nach. Ein Stein, der für Optimismus und Lebensfreude steht.

Ich erwische mich dabei, wie ich mich in Gedanken immer wieder in ihren Augen verlaufe, nicht mehr rausfinde, mich wohl und unendlich geborgen fühle.

`Das ist doch verrückt!` denke ich mir, während ich versuche, mein Leben wie es ist, zu leben.

Es nervt mich. Ich meine damit mein Leben. Es nervt mich einfach. Ich fühle mich selbst zu klein kariert; habe das Gefühl, das wirklich Wichtige zu verpassen, dass mir die Jahre entgleiten und ich niemals ankomme beim „bis zum Ende glücklich zusammenleben". Und erwische mich bei dem Gedanken, was ich denn von dieser Frau, von Esine, will. Will ich nicht mehr allein sein? Könnte sie die Eine sein? Will ich denn eine Partnerin an meiner

Seite? Würde sie mich verletzen? Wonach suche ich? Nach Ablenkung oder Ankommen?

Aber vor allen anderen Fragen steht die eine Frage: Wann sehe ich sie wieder?

Manche Dinge ergeben sich von selbst und passieren, wenn man am wenigsten damit rechnet.

Manchmal sogar beim Müll raustragen.

Ich stapfe gerade durch den Schnee, hin zu den Mülltonnen als ich IHRE Stimme höre. „Ich hoffe doch sehr, dass du jetzt nicht deine Träume in die Tonne wirfst."

Ich drehe mich überrascht um. Da steht sie, diese wunderschöne Frau mit ihren dunklen Haaren und ich blicke direkt in die bernsteinbraunen Augen, die mich sofort in ihren Bann ziehen.

Gibt es Liebe auf den ersten Blick? Ich meine, kann man sich vom Fleck weg in einen Menschen verlieben oder ist das nicht nur eine große, spontane Sympathie?

„Hey, das kommt jetzt überraschend und ich freue mich sehr, dich zu sehen."

Lachend stehe ich vor ihr und mir wird ganz schummrig, als ich sie ansehe.

„Ich wohne hier gegenüber. Wusstest du das nicht?" Sie grinst verschmitzt, als sie das sagt.

Wie vor den Kopf gestoßen, stehe ich da. Nein, das wusste ich nicht. Um ehrlich zu sein, weiß ich gar nicht, wer hier alles lebt, obwohl ich selbst schon ein paar Jahre hier wohne.

„Nein, das wusste ich nicht. Seit wann wohnst du denn hier?"

Sie kommt zu mir und sagt, dass sie seit einem halben Jahr hier wohnt und gerade anfängt, hier zu leben.

Ich denke mir, dass ich sie jetzt nicht wieder gehen lassen darf und frage sie, ob sie Zeit hat, was sie glücklicherweise bejaht.

Also gehen wir zu mir und ich mache uns einen Kaffee. Ihren mit viel Milch.

Ich habe für meine Mutter Blumen gekauft. Pinkfarbene Lilien und als Esine die Blumen sieht, sagt sie, dass es ihre Lieblingsblumen seien.

Wir setzen uns.

An das, was dann passiert ist, kann ich mich nur noch lückenhaft erinnern.

Kennt ihr das, wenn um einen herum alles ausgeblendet ist und man scheinbar die physische Ebene verlässt? Es mag blöd klingen, aber mir war es, als hätten sich unsere Herzen unterhalten.

Ich wache auf, als sie sagt, dass sie nun leider wieder gehen müsse.

Etwas unbeholfen helfe ich ihr in den Mantel, sie dreht sich um und umarmt mich.

„Danke für die schöne Zeit bei dir. Auf bald, kleiner Träumer." Und dann geht sie.

Bisher habe ich noch nicht bemerkt, wie gut sie riecht. `Mein Gott, was für eine Frau!` schießt es mir durch den Kopf.

Den Rest des Abends sitze ich grinsend auf dem Sofa mit dem Gefühl, zu fliegen.

Ob es Liebe auf den ersten Blick gibt? Ja. JA. JA! Alles schreit JA!!!! in mir.

Als ich ins Bett gehe, kommen Zweifel und die Fragen, ob ich das will; ob ich das kann?

Viele Schmerzen und Narben habe ich in meinem Leben mitbekommen. Ich bin mehr als nur einmal gescheitert, verraten, verlassen worden. Es war bisher eine Reise, auf der viele Lügen, Betrug und Missachtung meine Begleiter waren; eine Reise, auf der ich ausgenutzt, klein gemacht, degradiert wurde.

Eine alte, nur zu gut bekannte Angst machte sich breit, die mich schützen wollte vor dem drohenden Unheil.

Kurz bevor ich einschlafe, denke ich: ‚Nein, dieses hier, das ist anders. Besonders. Und vielleicht sollte ich aufhören, Angst zu haben und anfangen, zu glauben. Sie hat gesagt, dass wir uns unsere Realität selbst erschaffen, also erschaffe ich mir ein Königreich mit ihr. Welches zwar nur mit dem Herzen gesehen werden kann, aber dort zweifelsohne existiert.'

Das Leben ist kein Märchen, in welchem einem Tief das große Happy End folgt und der Rest nur ein Höhenflug ist.

Das Leben ist das, was ich mit meinen Gedanken, meinem Tun und Handeln erschaffe.

Und an der Stelle, auf die ich meine Energie, Zeit und Aufmerksamkeit lenke, werde ich das Schlimmste oder Schönste erschaffen.

AKT 4 - ZEITENWENDE

Man kann sich vieles vornehmen.

Man kann die besten Absichten haben und am Ende doch erbarmungslos scheitern. Ich weiß nicht, wo ich stehe, meine Muster rattern alle durcheinander. Die Ängste in mir toben und ich kann sie kaum beruhigen. Obgleich ich Esine erst dreimal gesehen habe, hat sie jede Zelle in meinem Körper zum Schwingen gebracht. Ich bin nicht mehr in meiner Mitte und weiß im Moment auch nicht, wo ich diese finde oder was meine Mitte eigentlich ist.

Es gibt Scheidewege im Leben. Vor diesen kann ich weglaufen, dort verharren oder mich für einen der Wege entscheiden.

Was will ich?
Wer will ich sein?
Wie will ich leben?

Will ich mich hingeben?

Und was davon kann ich oder kann ich (noch) nicht?

Wie will ich meinen eigenen, noch ungezeichneten Weg gehen, wenn ich mich nicht traue, nicht an meine Träume glaube, die Vergangenheit ins Jetzt trage?

Wann werde ich der Kapitän meines eigenen Schiffes und wann fange ich an, es dorthin zu lenken, wo meine Wünsche auf ihre Erfüllung warten?

Heute gehe ich zu ihr und es ist unglaublich, wie nervös ein Mensch sein kann.

Ich stehe vor dem Spiegel, betrachte mich, weiß kaum, wie ich ihr gegenübertreten soll. Aber ich fasse all meinen Mut zusammen, denke mir: `Eine Alternative dazu gibt es nicht.` Dann gehe ich zu ihr rüber.

Ich hole tief Luft, drücke die Klingel und im gleichen Moment öffnet sich die Tür.

Manchmal findet man sich in Situationen wieder, die man nur in schmachtenden Romanen liest.

In denen es heißt, dass mit einem Schlag alle Zweifel, alle Sorgen und jegliche Ängste verstummen und man nur noch fühlt.

Wenn ein solcher Moment wirklich passiert, ist es das wohl friedlichste, wärmste, freieste Gefühl, das ein Mensch erleben kann.

Wenn ein solcher Moment wirklich passiert, begegnet man der Liebe.

Dieser Einen, die sich jeder wünscht. Für die Kriege geführt, Länder erobert, Grenzen verschoben werden.

„Na endlich!" höre ich sie sagen, sehe ihre bernsteinbraunen Augen näherkommen, fühle ihre weichen Lippen auf meinem Mund.

`Sie hat mich geküsst!'

Ich scheine zu schweben und hoffe, nie mehr landen zu müssen.

„Hey."

Zu mehr reicht es bei mir gerade nicht.

Ich überreiche ihr Blumen. Sie freut sich sehr über ihre Lieblingsblumen und wir setzen uns.

Auf dem Tisch brennen 4 Kerzen, denn die besinnliche Zeit steht unmittelbar bevor, obgleich ich mich mittendrin wähne.

War ich nicht eben noch unendlich nervös gewesen? Voller Zweifel und Ängste?

Sie nimmt meine Hand, lächelt mich warm an, in ihren Augen tanzt der Schein der Kerzen.

„Ich wusste nicht, ob du kommst," sagt sie, „ob du deine Dämonen beruhigst, dich traust, deine Träume zu verwirklichen."

`Woher weiß sie das?!' Ich scheine für sie ein offenes Buch zu sein.

„Warum weißt du von diesen Dingen?"

Sie streichelt meine Hand, schaut mir tief in die Augen. „Du bist so schnell weggelaufen; hast nicht mal überlegt, sondern instinktiv gehandelt. Deine Stimme hat mir dein vernarbtes Herz gezeigt, deine Augen mir deine verletzte Seele offenbart. Du warst in diesem kurzen Moment der schönste Mensch, der mir je begegnet ist, obgleich ich dich schon häufiger gesehen habe. Aber du warst immer so mit dir beschäftigt, dass du niemanden bemerkt hast."

Sie greift zur Seite.

Ein kleiner roter Lederbeutel kommt zum Vorschein. Sie greift hinein und gibt mir einen kleinen dunkelbraunen Bernstein.

„Es kann immer alles passieren." Sie holt tief Luft. „Da unsere Zukunft noch nicht geschrieben ist, können wir sie selbst schreiben - dabei alte Pfade wiederholen oder neuen, unbekannten Wegen folgen. Glaub mir, ich kenne deine Gedanken und ich weiß um das Toben in deinem Kopf. Du musst nichts tun, sei einfach hier. Hier im Moment."

Ich fühle mich angekommen. Angekommen am Ankerplatz. Ich habe das Gefühl, endlich einen Ausgangspunkt für mich zu haben. Einen Punkt von dem aus ich mich künftig fortbewegen kann.

Es läuft `Black Flies´ von Ben Howard, meinem Lieblingsmusiker, den sie offenbar auch mag.

Sie schmiegt sich an mich und ich schließe die Augen, um das hier für immer zu konservieren.

„Ich traue mich." Flüstere ich ihr zu. „Ich traue mich zu glauben. Ja, ich habe oft Angst, aber ich glaube daran, dass ich diese Hürden überwinden kann. Nicht nur für uns, sondern vor allem für mich. Ich übernehme das Ruder, kenne weder das Ziel, noch die Untiefen; weiß nicht, welche Wetter ich zu überstehen, welche Ungeheuer ich zu besiegen habe, aber ich traue mich. Ich traue mich meine Träume zu leben. Denn der Mensch, der ich sein will, ist in mir."

Ich spüre, wie sie lächelt. Sie hebt ihren Kopf, küsst mich sanft. „Hallo Max, ich freue mich sehr, dich kennen zu lernen."

Wir sitzen eine ganze Weile so.

Ich brauche nichts. Das hier, das ist es, worum es geht. Ich bin ich, mir im Moment völlig unbekannt und gleichzeitig völlig vertraut.

Eine neue Zeit hat begonnen, mit mir und Esine, mit den bernsteinbraunen Augen, in die ich mich fortan jeden Tag neu verliebe.

EPILOG

Unser Leben ist nicht so vorgezeichnet, wie wir uns oft weiß machen wollen.

Was wir brauchen, ist Glaube und Mut.

Den Glauben daran, dass alles so werden kann, wie wir es uns wünschen.

Und den Mut, über unsere eigenen Schatten zu springen.

Und wenn du (in der besinnlichen Zeit) ins Wanken kommst, dann nur, weil du deinen Anker noch nicht geworfen hast.

Dich kann niemand retten. Niemand kann deine Ängste oder Dämonen für dich besiegen. Das kannst leider nur du.

Sei mutig, sei glaubhaft. Sei bereit, der zu werden, der du sein willst.

Und wenn du es möchtest, wenn du bernsteinbraunen, wasserblauen oder wiesengrünen Augen begegnen möchtest, öffne dein Herz, das dann für dich sieht.

Sieh in die lodernde Flamme und erkenne dich selbst.

Im Jetzt und in deiner Zukunft.

Und was ist Glaube, wenn nicht die Summe aller Hoffnungen?

Denn ich lebe, denn ich hoffe.
Auch, um am Ende sagen zu können: „Mein Leben war **die Summe aller Träume**.*"*

Danke!
Ende.